來知德全集（輯校）

第七册

來瞿唐先生日録·下（影印）

〔明〕來知德 撰
郭東斌 主編
劉重來 薛新力 學術審稿

國家出版基金項目
NATIONAL PUBLICATION FOUNDATION
重慶市出版專項資金

重慶出版集團
重慶出版社

圖書在版編目（CIP）數據

來瞿唐先生日録．下 /（明）來知德撰；郭東斌主編．
—影印本．—重慶：重慶出版社，2021.6
（來知德全集：輯校）
ISBN 978-7-229-15304-5

Ⅰ．①來… Ⅱ．①來… ②郭… Ⅲ．①來知德（1525-1604）—文集 Ⅳ．① B248.99-53

中國版本圖書館 CIP 數據核字 (2020) 第 189919 號

來瞿唐先生日録 · 下（影印）
LAI QUTANG XIANSHENG RI LU · XIA（YINGYIN）
〔明〕來知德 撰 郭東斌 主編

總 策 劃：郭 宜 鄭文武
責任編輯：郭 宜 王 娟
美術編輯：鄭文武 王 遠
責任校對：何建雲
裝幀設計：王芳甜

重慶出版集團
重慶出版社 出版

重慶市南岸區南濱路 162 號 1 幢 郵編：400061 http://www.cqph.com
重慶市聖立印刷有限公司印刷
重慶出版集團圖書發行有限公司發行
E-MAIL:fxchu@cqph.com 郵購電話：023-61520646
全國新華書店經銷

開本：787mm × 1092mm 1/16 印張：27
2021 年 6 月第 1 版 2021 年 6 月第 1 次印刷
ISBN 978-7-229-15304-5
定價：340.00 元

如有印裝質量問題，請向本集團圖書發行有限公司調換：023-61520678

《來瞿唐先生日録·下（影印）》編委會成員

總目録

目録

來瞿唐先生日録 外篇第三卷

遊峩眉稿目錄

快活庵稿目録

晚坐七言律

送吳鳴山落第西歸七言律

寄宗姪章二首七言律

高青庵過二姪家數日枉之不至致之以詩近體

戲答大池病中見寄七言律

答人七言律

青城歌贈李了喬明府

贈顧象葵七言律

贈曹荔溪中丞七言律

寄白牛和尚歌

贈黎學博七古

謝傅逵吾送日録序七言律

邀蕭學博七言律

答顧象葵長短句

寄謝顧申張萬四博二首七言律

贈劉明府七言律

鰕組篇送人南遊

獨步七言律

贈吳徵君七言律

讀江津名宦甘公碑選

與張村飲薄酒席上口占奉贈七言古

頑象葵許截酒快活庵遲之刑三不至戲之以十六句七言律

送劉思泉五言律

題華封三視圖壽陽東泉少府選

八閩稿

當罏酒八首道言

遊吳稿

登小孤山二首五言律

蟂磯廟二首五言律

鞋山篇七言古

歌風臺七言古

黄鶴樓七言古

燕子磯五言排律

石鼓歌

來瞿唐先生日録　遊峨眉稿

遊峨眉賦

春到草堂陽回尾屋玉壘之積雪方消灩澦之孤根漸沒客有紉五芝之秀纕九畹之英傲墳索之邃囿眹往獻之清芬識風雲之變態詠雅頌之徽音睢蓬壺之岑兮家嫪日月之飈奔乃拗枯桐戒力從遂奪袂於蟠龍更馳突於鋏鳳摩扁舟而逆水兮歷忠涪而平都恁宣公之忠懇兮靈邱空嶕嶢而榛蕪入鈎深而仰止兮卓承學之形模羌妖廟之誘民兮走九坑

之茫狐跐塗山之嶕嶢兮貼買辦於斯須涉凡水之
淵泊兮鷩清夜之將徂望寶峰之龍蹤兮哀履霜之
伯奇彼先童之克勵兮終劉仙之可疑迺覡節於叙
犍兮盻越嶲之葱蒨閣鎖鋏於青蚪兮江澄金於素
練紛吾旣離鄉土兮登凌雲而相羊覽長公之遺墨
兮哀金奴之可傷望眉麓而奔涉兮嫙娟黛之葱蒨
躋瓊樓之眞境兮蹐虹橋之解脫俯玉女之雙峯兮
呼歸雲而入閣古洞窒窒而爛柯龍鬚灟灟而流沫
剛風颼颼而吹衣齟石犄犄而斷履嘖避世之楚狂

兮甘捽茹於落莫豈知鳳德之未衰兮斯道萬年而
振鐸甛大峨之卧石兮剩玉液而小酌拔古字之苔
蘚兮蟠蛇蚓於雲磴及頲三望更歷雙飛奔雪濤而
磢錯兮掛銀冰於十圍犖澆辨於巉巗兮惢與塵世
而相違悰思邈之虛牝兮啓憮薜之重扉智欲圓而
行方兮吾非斯人而誰歸乃尋大桂深邃翠微萬鶴
藹藹而失路兮替樵徑之斜暉臨雲表之圖竟兮囦
泛瀴瀙而欷歔尋九老以瀆漫兮不火食而長嬰搪
廣宦以永年兮钃石芝而自肥約秋深以獨徃兮其

跌蹋而忘機我饑調矣我僕痡矣乃聆八音於陂池兮櫟萬松於葥旛大雲小雲黑水白水礶碕磫礭磛礹碩砓碨磥礈礦碅磆硧礑磼礏磞礷硶囮礹巃衕𤸃戴𤻪豦蝸蝬螘既胡孫之有梯兮豈蚺螻之能止屴穴龕殷般之雷䰢石齻蝲蝲之兕忌𧬠吳於傖但兮㔾越嵚嶔之梅子唉天上之重來兮洵𩍖萬之鉗喜八十四盤䄡㴒雲䌌更有䜌路沿彼蹢徉捫豐草而擿上指雪嶂而隒高人猶狙之厷穴蹈鵔鷞之阽巢嶝雺霏而起霧樹布濩而垂條匡未傾而似墮石

已裂而猶旋流雲霞霄而成水栝杉嶶敷而如贈佸驚心悸意奪神逃俯仰觀覲去任龥瞧爾其雞園捕碧鷲館樹霄飛簷啄雞疊桷盤蛟或支蝸石或就龜橋或依貎穴或枕螭坳濕太清以飛構越埃壒以騰稍莫不凝魂幽礒委骨荒椒窮年累歲茹草吞齋快蒲根之漸老瞽松子之方彫嚼者域之榮樹護佛調之暇彪華囊來天女之試紅芙縱烈火之燒海水可竭須彌可插大半秦人而越客聞有投冠而棄貂乃度天門之閒闔兮登光相之側稀撫桫欏而四望兮

信蜀道之登天向沆瀣以縱觀兮識坤靈之磅礴指點巴字之縈紆逢對大荒之寥廓崛崍晒經巫陽劒閣三江五溪周廻聯絡衆水變其蹤涔諸山覣其揢撮或虎變而龍馴或蹕麟而翥鸑或牻犡僾蹇而僊躃或馴猊髟髿以號攫或蜾蠃而蝸蠋或蟣蠓而螯蠚或灌叢而茂怳或宿莽而沃若或怪兮三足六眸或奇兮九頭一角或連兮淵客榜人之歌淮南風波相隨或斷兮匏瓜牽牛之處河漢東西相邦或覆兮孤臣逐客窮竆譏讒悁悁之有懷或舒兮酒侶詩儔

嘲弄風月唘毉之長嘯壯兮力士之干戈烈兮忠臣之謇諤高兮千年萬世挺秀於曾[redacted]鄒軻之間早兮朝再暮三投足於秦關燕市之末同兮依形附勢而奔趨異兮樹黨立朋而相割南威青琴兮煥其美賓成犨麋兮呈其惡狀别形森糾纒擬駁本物態之變幻類人事之紛錯亦令人喜亦令人愕乃拂吟袖於高寒振塵衣於碧落浩浩乎不知所乘兮登閬風而緤馬翩翩乎隨其所適兮濟神水而鴐鶴乃若連氣累靄撩日韜霞崩雲脅雨或近或賒瀲灩瀲灧吼雹

揚沙四塞龍煙似公超之有述單衣紫纈歎遷客之無家及爾長風擁雪盡掃浮陰雲驅萬壑日又千林爾其白毫挺出恍若玉玦之蟠空疎霧平鋪宛如野馬之撲而俄而蝃蝀亘於厓牙鳥語鳴其佛現豈大士之弄丸兮以有爲爲露電或纖質之鬱蒸兮乘隮輝而流絢方旋轉而吐火兮成纓就而規練乃若斗杓既爪啓明尚杳午夜風微寒霜家宵少焉曛色曈曨爛光縹緲始而散出幽壑繼而透分雲表依厓乍吐若黎杖之生花過峰愈明如星珠之泛島一往一

來或巨或小熠燿宵流火泉夜　曉將落霞而齊飛偪
雄飈而更燎好事者謂之聖燈　窮理者莫之探討意
者山魈木魅蜃樓海市之類經　之所謂見怪物則祀
之者也因勝槩之偶來念此日　之難得水將將以浩
瀁山巃巃而巇嶫足踟蹰而九　廻心惆悵而百折聽
上林而聆望兮鶯題桂之奇才　對春樹以遥思兮傷
騎鯨之可哀嗟知己之幾何慨　遭逢之不偶每景短
而思長或輪平而路陸使桓譚　之鑑别少差兮文章
幾於覆瓿彼李定之蔞菲既售　兮甲兵起於臂肘以

夫子之忠懇兮宜鼎司而台斗何此理之不然兮竟東擯而西走故是非蓋棺而後定毀譽何世而不有遠眺長思感兮追古孰媸孰媮孰賓孰主孰懷瑜兮孰握瑕孰飫甘兮孰攻苦彼鷦螟之較鵬鶚兮固姝形骸而蟪蛄之與蝓蜒兮同歸塵土是以至人鑑金鏡達士坐兜元脩身兮其損在我鎔鑄兮其默在天默我窮兮則蠖屈默我達兮則鳳騫或可以肆我之志兮羞賁卜以何嫌如俯仰之無愧兮篯翁亦至今而猶傳苟棲不擇木翔非日投彼琳瀣負此龍淵

雖有賢臣之頌兮亦明月無因而至前故寧陳情而泯泯看霜市以嫣嫣緊此久其何夕兮余何爲而山嶸俯仰古今於一望兮耿天地之何小何芝蕙之不焚何松栢之不草嗟買鍦之長鳴兮欻西昏而東曉方見紫而成綠亦視丹而爲縞信陵谷之盤渦終舜莫之難保登九疑兮隔洞庭望滄海兮迷蓬島旣蓮觀於眞宰兮胡脫跡之不早曷不齊萬物於一致兮委彭殤於壽夭歌在陸以弗告兮與茲山而並老招浮伯以容與兮巢雲窩於雲表 擁香國之崇蘭兮樹

空谷以自好搴薜荔以自娛兮 時濯纓乎幽沼雲無
心兮洞門鳥長鳴兮木杪已矣 乎吾將反觀乎太初
兮求自得以爲寶奚囁嚅趦趄 乎浮名兮坐令朱顔
白足彫剝紅塵道

平都仙境

鳥道前朝樹珠宮背郭山蒼虯騎霧帶青鵲啄雲鬟窈窕仙應逝招呼鶴可還孤舟千里遠長劒五遊斑春倒誰人甕鷗忘急瀨潺一琴隨月住半榻借僧閒醉後題殘句鐘聲起暝灣

江邊郤周東郊計部送遊山資短述

江之水悠悠遊人之心扁舟舟之帆渺渺遊人之心三島一帆矗矗日未暮黃芽丹鼎知何處遠心惟許白雲知素琴時或韜芳杜美人江邊贈木難別鶴一

操生高寒淡元浮白傾意氣孤鸞夜啄金琅玕江南採樵江北釣兩下生涯不同調白水青山各適情偶然相對還相笑已知駿骨老無名猶耻邯鄲路上行養鷄牧豕非吾事商饑惠飽何足評

寄黎少朴

十年一調滄浪曲別後何曾寄所思行到涪陵彈不得偏所自載到峨眉

大渠隱窩 爲夏少素題

若有渠兮蘭皐紆瀲灩兮江腰走霜礀兮直下若奔

逶兮蒲梢橫折兮盤旋跨江心兮虹橋崌崍龍從兮
連蜷巫陽中流兮孤標集凫鷺兮嵏漣列長陣兮沆
寥漁舟成村兮兼葭長歌欸乃兮短棹彼美人兮少
太素織秋浦兮雲綃喚虹霓兮東壁飛青玉兮紫毫
搴芙蓉以爲冠兮緝杜若以爲貂纕澧芷以爲旌兮
擷江蘺以爲袍馭流星兮霄漢驅玉蚪兮超遥回看
鶚九兮生鱗長逢異一兮鳴號而何有此兮亦猶反
初服兮明朝渠有圖兮黄華渠有屋兮重芽觀渠瀾
兮春夕弄渠月兮秋高我吟我渠兮散髮我飲我渠

兮山看覺今兮我是追昔兮我勞謇予來兮歲云莫
乘夜雪兮輕舠拂袖兮何人何人兮塵囂登堂兮辭
荔把袂兮松醪安得招吾黨之供奉兮山中乘黄鵠
兮飄飄三人同歌兮桂樹割彩霞之片片兮金刀欲
來不來兮悵望積長思兮鬱陶

寄曾元川

驟雨飛青嶂驚風吼赤螭雲迷巴子國花落穆清祠
對面看溪漲前途問楫師市情歡滯客天意欲催詩
有美蘭堂契雄才藝苑知東山留謝穩北斗仰韓奇

附驥補先達登龍已後時煙霞隴草湖海鴈書遲
身世虛舟過韶光野馬隨十年嗟一別長劍起孤思
先氏厓何在劉仙洞可追丹砂期熟鼎元鬢漸成絲
駐景應無藥流杯喜有池吟餘迷處所荻畔叫鸕鷀

贈童節婦

十八嫁梁鴻珠落承雙玉未及十年餘先折連理木
嗟哉女君子迥然鳳皇族金石冷愈堅冰霜秋更肅
封章自九天清節傳三蜀翻笑桃李華嫣然媚人目
一夜風雨深東西相追逐人生天地間來往成飛轂

惟留節與義千載光昂竹我姊亦婦君宛若風中燭
爲爾歌栢舟因之傷黄鵠

巫峽行送周紅岡

我持一杯酒送爾下巫峽巫峽峯高一線天不獨白鹽爭赤甲虎鬚之水鳥道來江高峽急迅於雷遊子歸心將別棹春風吹轉還復回送爾行爾知否象馬三足高驤首頭角蘚文齧蝌蚪秋清怪作蛟螭吼處處艅艎避戈趙止因砥柱狂瀾走來公長與爲心友騷人詞賦饒車斗共開壘跡誰不朽西有白帝刺雲

霞殘墻隳壁生土花千尋鎮鎖鏈蒹葭蛇虺蟠結護
厓牙鬥龍不是池中物躍馬翻成井底蛙此日何日
同書車昔時龍馬化泥沙草堂之子空咄嗟鼓鼙刁
斗壓哀笳文章不得當胡麻泰川歸去已無家寒蛩
空叫夕陽斜爾去一望思無涯送爾行說與爾酒闌
起舞開肝膽蓋世英雄原無許江有鯨鯢山有兕天
地許生還許死生死如胡雲窮達如莫雨朝朝莫莫
成古今都入陽臺一夢真夢中誰放夢中傎將傎誇
口癡人前送爾行爾淚何濟然天生爾才不爾用匣

中三尺空洮逛負郭知無田買山應無錢仰天白日呌九疑九疑又重元我有舊雲巢巢在十二巫陽之標巔于今一別一千年吾友安期與偓佺幾入輪迴亦可憐止遺我舊杖長掛在雲煙此杖能作人語說世間之浩劫能化人龍穿雲逐霧上下二儀徧九天爾可騎去闖天門會尋仙仙中如遇東方朔道及瞿唐子今又下人間遊峨眉兀坐八十四盤之層巔臨別送我巫峽之雄篇

登大峨石隱窩題贈高鼎尾 用韻

大石何峨峨青葱飛歷落蚪枝淨塵氛鳥道呈輝萼
谷響應僧呼溪雲隨客屩神水九曲流入石相迴薄
噴沫秋林深饑蛟吞海若不有仙人宇蛇虯蟠雲鶴
一舉到層霄不爲塵沙縛往者季輔公結屋臨厓粤
斞水淨煩襟朝夕相斟酌偶爾賦明光通籍紫微閣
直道世難容方枘戾圓鑿倏忽貝錦生秋蠅相糾錯
孰知高有子有子還聳發挺然吁帝閽上書起神鑰
九重開網羅一雨洗冢郭本將明此心非爲戀人爵
回視前靈君寂然原不怍譬彼秋月涓蟾光本昭爍

[illegible]彼浮雲妬氷輪猶如昨卓哉高生奇奮志卑伸蠖
我來遊峨眉捫霧搜霜鍥一見豁我懷對僧書婥約
誰將漢緹縈青史輕筆削

不如齋為蘇龍溪題有序

蘇以坡仙爲遠祖壁間有薄薄酒墨跡愚意
長公薄薄酒勝茶湯亦自寬之言也故因不
如齋而發之

薄薄酒不如旨粗粗布不如綺醜妻惡妾不如美也
知三事不如人有命存焉將何以君不見梧桐標薄

長高岡不如豫章松栢成棟梁一朝收入舜絲譜入
音九奏相鏗鏘又不見菊英冷落生秋夕不如午日
牡丹饒倩麗紫桑種後發奇葩千古名花爭隱逸世
間花木且不齊何况飲食衣服與夫妻南陽草廬今
即古洛中安樂追東曾二公猶似在人間酒徽醺後
歌梁甫金張樓閣侵雲霄風吹雨打無人補朱顏淚
說滴紅冰王孫芳草翻凄楚鼺鼠臨河長自誇羊腔
不必爭龍脯古來賢達者未必同頭顱誰將南山榮
博我北山枯嫣然一笑看蒲葉欲向尊前擊唾壺

凌雲寺

崑崙拾得盧敖杖煙霞長就龍髯樣白足隨之走青
嶂步電追風生曠放俄而一桂過江瀆捫蘿躋石巳
凌雲絳節青幢饒紫氣步虛天路覺平分斂厓曲磴
開花鳥眼角峨眉生縹渺回覰孤巒九點青雪濤宛
轉波聲小是時詩思逐波來乘虛還上爾雅臺坡仙
遺墨猶如昨墨池何事生青苔苔竹叢深半枯樹云
是昔人玩易處玩易之人久不來洞口殘雲白朝莫
鳥語頻呼浮玉前趺然一坐聽留連以傳闤圃孝眞

信秋深其約扶桑巔莫讀金奴事讀之驟下崩城淚
莫見仲常碑見之耳覺亦生悲人生壘石投大澤百
歲光陰何逼窄一朝鏽石振綱常世間莫謂無黃黑
不似浮屠到處空鑿霧穿雲成窟宅回首微風起碧
寥杖挑鼉何下虹橋一時過眼成陳跡止見舟中月
一瓢

無痕吟 六首

欲弄峨眉月先登解脫坡何人未解脫足跡長經過
偶逢牧羊子鞭羊走層峨層峨綠玉杖求我解脫歌

一歌成一笑再歌欲如何

黃鶴久不至異人招不來緬想千載師鳳德不曾衰
斯道日中天長夜良可哀流水赴大壑一去不復廻
坐久抱孤想三歎石崔嵬

白龍吐銀水黑龍噴鐵汁黑白爭雌雄波濤騰千尺
王謝駕孤舟飄飄臨空碧孫仙約我遊銀漢橋頭立
不見弄舟人只見舟成石

雲從脚下起鋪作銀世界泉從頭上落結作珍珠帶
我時欲佩珠歩虛攝綷縩九仙如槁葉裊裊隔霞拜

問我胡不來遺世登仙澄前年欲寄青青鳥去天外

我登七寶尾未達正歲毅四塞連天霧不辨我與爾

俄而天霽開彩擷排光紫閃爍兜羅綿絢倩亘玉壘

明滅頃刻間復暈亦復止無從何處去有從何處起

欲問騎象人默默不得語

一登成一笑一笑成一吟未登百年前笑我無此身

既登百年後笑我空此名有名竟如何不如了無痕

長揖當途客從此出逢迴因號無痕子一嘯下瑤岑

淨土庵

既登光相巔還來訪淨土淨土支撐不可攀瓊樓貝
闕掛孱顏晒經側碧雲霞外兀屋團青咫尺間側碧
閈青何磅礴逵遠奇巒仍漢落媧皇補石莫雲深力
土一去誰施鑿生來山癖一龍鳩眼底崖前事事幽
枯木如人立浮雲作水流朝煙連莫雨六月亦三秋
客或從天馬僧多自伏牛伏牛天馬何隱隱江海誰
人發深省曇花落處月悠悠祇樹生時雲泯泯泯泯
悠悠不可知正是遊人發興時覽勝馬遷追禹跡尋
源博望觸支機尋源覽勝誰高格仙人掌上雲初白

待我相看青鳥還與汝同開白蓮社

藤庵

崖石將欲墮支石穿藤坐老僧好打眠鐘聲莫敲破

大嬾歌 答雪谷四首

噱噱噱噱來矣鮮家住十二峯之巘小時銳志齧墳典一重茅屋書千卷猛然一日收鷄犬破琴碎鼎燒絲繭西溪萬尺東海淺長與造化相遊衍懶兮懶兮懶可憐手提江月滴娟娟

人生酬世長自苦贏得榮名光祖武一朝血肉無人

王陡然毛髮化爲土草深棘蔓眠狐鼠夜深怪作人
歌舞虛名與影一般同無形有影竟何補幾回雲滿
孟嘗門雍門未見先酸楚懶兮懶兮懶已眞一行秋
鴈下高冥
得得得宇宙懶人誰主客白日當空鳳一鳴百鳥聞
之咸腦裂驪馬明明臨九陌浪說螳蜋能拒轍莫鬭
陳摶石莫買游岩宅莫披滌園衣莫釣嚴光澤四子
小小懶溪山將謂鷄蘇同狗虱懶兮懶兮懶愈豪兩
間浩氣相森蕭

生平問學愛放膽鳶魚處處多逍散天地生吾有意
無條爾年來成大嬾借問勤人愁不愁紫袍常照席
前着自笑自笑長自笑烏紗不慣懶人頭偶來峨眉
巔上遊一望天涯滿目秋九河同是水五岳盡成邱
千古以前風颼颼千古以後月悠悠世上懶人誰是
儔吾將與爾同去騎鶴登瀛洲

遊峨眉稿終

快活庵齋居日

遇齋居曰郎閉門謝客

凡

聖誕祭丁元旦冬至日先一日齋居遇祖先生日忌日本日齋居祖先生死于元時以前者恐時月不眞不敢齋居生死於大明洪武以後者齋居今將應齋戒期日列于后

正月

三十日祖妣劉氏五忌日

二月

二十二日顯考朝生日

三月

清明日

十三日祖妣劉氏五生日

十七日祖妣李氏四忌日

五月

二十三日祖尚廉生日

二十四日祖妣丁氏九生日

六月

初三日祖妣胡氏三生日

初八日祖妣胡氏三忌日

十六日祖妣張氏二忌日

二十二日顯考朝忌日

七月

十五日祭祖日

十七日祖妣李氏四生日

十八日顯妣丁氏九忌日

一十日祖昭忌日
二十一日祖晁富生日
二十七日祖志清忌日
八月
初十日祖晁富忌日
九月
十二日祖妣許氏八生日
二十三日祖昭生日
十月

初二日祖志清生日

初五日父母劬勞日

二十日祖妣張氏二生日

十一月

十七日祖尚廉忌日

十二月

二十一日祖妣許氏八忌日

歲除

右春秋祭祖蓋取雨露既濡霜露既降陰陽來往之意也故當在於仲春仲秋俗人泥於介子推之說與寒食上墳泥于孟蘭盆之說七月十五祀祖禰每欲革之從

仲春仲秋但常見唐元宗有詔書云寒食上墓禮經無文近代相承浸以成俗則自唐宋已來已不能革矣雖非二仲然亦不失於春秋也故從之

快活庵四禁

不往見有司

不入縣城西門答拜不論

不穿麻衣

不自奉殺生

快活庵吟

世人長快活今逢九月九卜此快活地剛剛占一畝
臨此快活庵圍以先生椰間之逋仙梅松竹相成友
樹外鑿一池種蓮兼及藕庵中快活人栽培天獨厚
入此快活心動息相操守譬如養嘉禾先要除稂莠
又如拂明鏡歷歷去塵垢一旦陽當空陰霧撤豐蔀
人既快活衆賞悉樞紐頭喜快活冠烏紗等白綬
手喜快活事忠信佩兩肘身喜快活衣飛騖任蚴蟉
眼喜快活書包攬宇蝌蚪口喜快活言仁義成談藪

畢與先生日録　快活庵稿　下

鄉喜快活路不冒倖險陡腹喜快活飯兼味惟菘韭
飯若方消時喜飲快活酒酒如得興後得興即擊缶
缶聲帶長歌快活直到酉酉後如微醺整衣自抖擻
便吟快活詩縱筆如揮帚吟後臥藤床就夢登岣嶁
漸漸上雲霄弄月捉星斗夢中更快活兩腋生颼飀
次早山童報紅日射窗白起來不梳頭且看花開否
忽然客到庵五七相携手或論赤子心因爲誰方剖
或論先天圖黑白分奇偶盡日快活話日晚不覺久
客亦再三謝頂門一針灸送客出庵外行行到溪口

白雲沿溪來俄而成蒼狗與客共一笑快活方回首
快活人不知牛馬隨呼醜我也只快活懶爭及鷇彀
快活人若知隨他羨瓊玖我也只快活不論覆醬瓿
人生一場戲傀儡分先後自開傀儡場都入紅塵走
車聲雜馬蹄齊向紅塵吼及爾吼罷時一並入囊簍
少小即看破今成快活叟快活更快活身上漸鮐耇
快活至百年此身非我有一笑還造化不知我是某
惟遺快活名朝暮在培塿清風吹卯辰明月照子丑
風月快活成一片應與乾坤同不朽

庵在悅我堂之側快活之名葢山人自命云

小酌

萬尺蒼松覆美髯一壺小酌到山尖已知白髮嫌青鏡幸有黃流媚黑甜雨後晴光排素嶂春深草色上疎簾笑看此境須拚醉說與東風莫捲帘

灌園

蒼山白石枕寒溪碧草元猿向晚啼渺渺清泉排雪出蕭蕭綠竹掠雲齊宦情半是持雞肋 看誰學馬蹄却笑老狂真率久滿園春色灌蔬畦

贈宗姪章還宕渠

春雲漠漠春將暮春風不度　烏椑樹前山一夜麴塵
波萬紫千紅飛滿路有客有　客自宕渠紉蘭纕蕙茝
爲福十年不夢池中草雲深　何意到蝸廬一見仲容
相絕倒香名人耳知多少紫　庭丹穴果非奇夜光結
綠難爲寶笑我餐霞老更狂　衆留日日與求羊芰荷
坐破沙鷗席懶看人間舞袖　長留爾溪邊釣紅藥共
有溪雲流大聲自古儒林道　味長酌醽焚枯原不惡
丈夫策足當及時走馬獻賦　明光墀誰道陽春知者

罕江湖何地少鍾期浮生百年會有役大都嘮譟方
生翶肯將白日欺紅裳半惜青陽老蒼曽南山有豹
卧空岡也困苦霧變文章無知之物且如此五車何
況讀縹緗福利一壺聊出祖生銅三尺乘風舞行將
飛步出塵冥榮名岌業懸家譜莫訝音徽路間關文
華夜夜斗牛間去矣不忘雩舞樂流水桃花月一灣

夢醒

石林脩竹淨蘭皐霧幛霜硎掛雪濤松閣吟成苔色
靜藤窓夢醒月華高季鷹豈爲思蓴去蘇晉何曾假

酒逃自是疎慵心印 達柴桑原未學騷

飛雪行贈古建 吾入京便省

長風吹雪入紫冥飛雪亭高掛太清銀水直瀉二千尺星槎縹緲下蓬瀛天吳前驅海若舞馮夷揚桴伐鼉鼓翠搖十二竹枝娘李白空吟夢天姥美人意氣吸長虹青霄赤翰橫秋風一朝龍節分江國氷壺玉鑑懸高空廊廡不日徵朱邑湖海于今識次公宦情從此同飛雪不必披圖驚往諜龔牛韓鱷何須同自有今人各高格鶴髮雙親益壽時青士若官老與商

龍章已識從天降烏啄徘徊各有私瞻雲久切三千
遠愛日長懷百歲期褰帷又泛巫陽楫江怪遥看五
玉疑芸暉重喜斑斕舞鴛鷺還隨太液池百年忠孝
兼之少幾人拾椹不傾葵笑我懶成豐草鹿蠨蛸盡
日眠空谷離羣又復六年餘野馬牽人飛電轂朱紱
別後何曾彈止調一腔山水緑汎汎相思欲聚星忽
忽無緣同秉燭醉後誰歌蜀道難五雲多處是長安
盧溝橋畔車如蟻蕭蕭送客五更寒恍似兒童騎竹
馬歡呼繚繞上巑岏夢殘濯錦橋頭月好折燕花寄

澧蘭

答劉鼎石見寄

天欲生人莫生昭君手琵琶馬上塵蒙首我欲賣物莫賣豐城劍斗間紫氣人難見周鼎殷彝價自高誰人持此去遊遨甌駱從來多硯影澂觀幽荒秪自勞芳草麒麟難着脚捫漢緣霄羨猶獲老文到此不平處應動胸中萬古刀亘古亘今皆如此非我之所召亦非人所使天道不將流離掐轗與斯人誰人矯志成君子一笑清風賀若絃自家歡笑自家憐君不見

果州劉鼎石新詩首首驚坐客行路長歌蜀道難予抱琅玕望空碧　劉又詩云磨損胷中萬古刀

昔賢贈楊者云女無美惡富者妍士無賢不肖窮者鄙使者逢時遇合豈必滅當世之士哉愚贈鼎石蓋取諸此時也命也如天道何

雙喜篇贈顧象癸

象癸吾黨中君子也進止純懿一門友義予仰之素矣前年來司鐸梁山予以庵中磴磴小禁坐春風者僅兩三度耳今春予病瘡止酒不出庵者一年弟文進秀才自城中來問

予始知象葵生子変獎乃作此長句贈之懋知象葵必見招呼而不知予非昔日量也大瓢貯月歸春甕小杓分江入夜瓶蓋長公汲江煎茶之詩予病後止酒更嗜茶習習清風生兩腋乘此清風去蓬萊之與原不減於酒故贈象葵之詩不覺發之於辭云

蒼靈騎蕩暮山紫暖風花撲仙人几宮墻別有一般春綠波碧色輝桃李彥先致身何太奇青霄孤立紅鸞姿火日華飈吹麗藻鮁人雪浦續鳥絲萬里我曾

遊鋏屩獨立百花看綽約五龍聯額其芳菲樓臺嶙
峋飛花蕚猴翁一日蟠龍巔揭車菌桂佩娟娟今日
先生知絳帳舊時居士郎青蓮顧我牽迂飽溪蔌逢
人每調無絃曲朱華素雪總關情東風不到螔蝓谷
偶聞丹穴生鸞凰鬱葱佳氣滿槐堂想有銅人話疇
昔豈無鋏杖壽椿萱硯玉佳兒將試晬榮名況復收
蒼佩千金駿骨入通闤一聯方歎知價倍丈夫適意
甘羹蔡家家飲酒望青齊孰知名教多樂事烏紗何
必照通犀江湖一望誰知已為君調笑歌雙壽春歸

幽谷聽遷鶯之官華域還携子歌成須飲三百杯湯
餅應餘鴨綠醅此去鄭鄉看咫尺山人之酒何時開
平生疏懶惟種秫豈緣邁軸生啾促暫時且學止酒
陶猶能不療顛茶陸渴懷何日慰龍芽大瓢貯月春
山絲酒邁軸見毛詩王元長曲水詩序云邁軸之疾已

晚坐

石上松間亦可憐匡床竹几坐留連殘霞掣電明還
滅驚雀將雛去復旋感事偶歌秦吉了因風長間傳
延年杖藜自笑機心少鞭脚科頭晚看泉

吉了鳥名唐樂府也唐書樂志云嶺南有鳥似鸜鵒籠養久則能言南人謂之吉了開元初廣州獻之識人情慧於鸚鵡漢武帝本紀書南越獻馴象能言鳥即吉了也白居易元和四年作新樂府五十篇專以諷諭為體秦吉了其一也其序云秦吉了以哀寃民

送吳鳴山落第西歸

孤雲匹馬其悠悠久客將歸歲已秋滇海夢中何日到盧溝橋畔幾人愁蚡縕漸隔桓伊笛凋儆先看季子裘蜀水燕關千萬里不堪囘首仲宣樓馬扶風長笛賦蚡縕蟠紆經宛蜿蟺注云皆聲紛亂貌

寄宗姪章續聞白泉水變猶留意於元也諗之

以詩二首

細雨空堂清夜徂翩翩憐爾去時孤眼前兮治看成泒世裏雖雄喜欲呼我老頻年依白墮吾宗今日兒韓符岩山阻絕音塵邈幾度相思問鴈奴

好去慇懃寄白泉蒲團且療講兜元三微河漢連天漲萬籤魚龍帶地遷顧我鬢鬚新染雪笑誰雞犬欲登仙何時洗淨丹砂耳來聽清風月下絃

高青庵過二姪家數日枉之不至致以八句

故人別後長芳蘅蜻蜊逢秋向晚吟病骨漸同元鶴

瘦詩思還共紫芝生阮咸應盡騰觚興王粲須知倒屣情說與伯恭渾不解翩翩策馬度紫荆

戲答大池病中見寄

大池爲修煉買粲病後逐之

萬事悠悠阿濫堆隨風前路落蒿萊眼穿从許冥鴻斷地僻焉知突馬來九鼎閙收桃葉女三春空靚壽陽梅渡江一去知何處示病維摩莫浪猜

桃葉王子敬侍女也有詩云桃葉復桃葉渡江不用楫東坡詩云但恨不携桃葉女

答人

半畝茅堂桃白沙栽松植柳卽爲家青史曰晩懸雁出黄葉風輕繞澗斜生理年年占八穀修仙箇箇問三花江湖無限東陵地種得蓺蕢勝稗畬

八穀星名丹元子步天歌云閣前八星名八穀晉志云八星在紫微西蕃之外五車之北一主稻二主黍三主大麥四主小麥五主大豆六主小豆七主粟八主麻子明則八穀皆成暗則不熟

春城歌贈李子喬明府

春城春城何所有城中盡是陶潛柳江邊曉側如甘棠召伯歌聲不離口春城春城何所嘉城中盡是潘

岳花曉風一夜河陽發闠闠　家家馞彩霞花明椰暗
圍明府隨風向日尊前舞飛　上頭來作法冠糚在胸
前成豸補笑我平生志未休　十二巫峰掛蒯緱郢城
何日看花椰兩腋翻翻黃鶴樓　六年隔别無由靣枕
邊笑語時時見媿乏瓊瑤可　報君題詩爲寄樊城扇
右子喬性冲淡令通道　人多懷之爲余遠寄曰
錄序文贈答以此
題顧象葵便面
一官迢遞歲頻更三蜀文華　舊有名豈謂河魴才可

食秖緣翰墨味偏清白鹽壁立嚴師席巫峽江澄照宦情別去何時温笑語坐看鷗九欲飛鳴

贈曹荔溪中丞西還

一別蟠龍閣歲華春鶯遙憶紫垣花玉符清映溢城水霜鉞光分灧澦沙直道北來知鋏石元交西去變煙霞客星只恐犒銀浦莫遣綵綸上釣槎

寄白牛和尚

白牛白牛形如鱖白牛白牛皎如月爲山霜冷洞庭踞試問白牛何處歇山兀兀兮水迢迢東明骨冷不

能招幾時淨掃松石腰風送龍潭慧餅焦

贈黎學博 文僖公之孫

洞庭湫湫七百里衡岳層層萬壘山如此山川堪作畫豈無豪傑生其間鄭虔才大官猶冷莊舄吟多鬓未斑欲訪華容耆舊事蟠龍雨䐜白鷗灣

聞忠宣公劉時雍皆道祖之門人故有耆舊之句

謝傳達吾送日録序

醉臉昏昏策杖藜瑶光玓玓下茅茨人間鴈到花黄日天上虛横月白時款段自思非駿骨碔砆今已化

瓊枝乘風欲寄登堂意對使先吟木李詩

邀蕭學博 時寓保果寺

荒村春作亂如麻水埼茅茨緣樹遮黃犢犁穿三畝雨杜鵑叫破一灣花放翁好古書連屋桑苧耽貧客亦茶路上不須窮姓字萬松深處即吾家

答顧象葵

梁山天偶漏無人上天補忽去求媧皇媧皇問河鼓河鼓告星茄星茄首亦俯藥師騎騊駼一滴大于股商羊俳一足只向雲邊舞我欲提兔鐵猶恐有所主

瘵哉此元元無 故倒銀浦杜鵑日催耕罷服笠盡斤鹵
徒胥呼丈田躂 彼啃啞櫓去馬與來牛慇慇如橐籥
惟有快活翁潮 朝醉馬乳文思發靈竅欲去遊天姥
乘彼巽二車颸 颸登蕙圃便到蓬萊宮訴此蒼生苦
不意故人書偶 下辛夷塢開緘如見面錫我龍根脯
且對故人言代 此瘡痍吐

寄謝顧車 張萬四博

雞園徙倚解螺 舟龍舂徘徊亦勝遊自憶此身依白
社孰知有客對 青州蔡邕倒屣情偏厚出簡臨池與

叟幽歸到柴桑剛爆竹淸衢燈火映簾鈎

自彈綠綺自垂簾未必夔州卽久淹官到廣文知獨冷時來苦李也生甜五溪諸水通三峽赤甲羣峰接白鹽却恐蘇湖輸此景令人回首丈人尖

贈劉明詩

九日題詩鷓鴣秋一錢遥憶固陵劉雲霞天上頻飛舄刀劍人間盡化牛顧我青山惟卧酒思君白帝欲登樓明年拄杖匡廬去灔澦波平卽放舟

鰕鮰篇 送人南遊

海鶴西風一萬里飲啄王母瑤池水長鳴多在霄漢
間澤國稻粮空瀰瀰中原虎鬬一著棋先後輸贏不
得知儵爾野雞精變怪高厓深谷忽參差昭君琵琶
聲轉澁總爲胡塵彈不得早知薄命是紅顏生時何
必傾城色仰看青天青天如碧波俯看澄江澄江如
翠蘿大開我眼孔碧波翠蘿如予何西有長庚大于
斗夜夜來照我鵶九昨日照紅顏今日照白首黄鳥
啼花花不言不是舊時樊素口陶潛將鐵鑄成腰門
前只種先生柳滚滚洪濤上向東拍天煙霧總歸空

爾不與世爭飛兮何異乎以鸞鳳爲鴟鶚爾不與世爭潛兮何異乎以蝘蜓爲螭龍乾坤原浩蕩物理有磨礱叔夜不須疎吏部桓譚終是識揚雄丈夫行藏何足計竿木隨身聊看戲莫怪鰕鯉蒿潦濱海波原未見茫茫

獨步

散髮行歌獨狂鴟蹲羅罔首草堂幽誰言被褐懷珠玉白信忘機狎海鷗風送暮煙開夕照鳥銜秋色過汀洲㩳呼剩有王猷興未必山陰好放舟

贈吳徵君

長愛幽居暑亦寒春容隱几竹皮冠西山斫藥雲生屐南澗垂綸月上竿四皓有芝皆化紫八仙無酒不成丹晚來吹笛藤蘿外月色娟娟只自看

讀江津名宦甘公碑

大蕭協小蕭廉泉飛其麓逍遥並岌嶪玉隆高景福間世出聞人雲龍相追逐前有徐孺子後有黃山谷我昔夢輕舉飄飄騎海鵠葛仙約煉丹石鏡光可矚前年寄我書蚍蜉不可讀似約三年後瀛洲登影木

正欲遊梅嶺慰此宦卑促偶得 永昌禪想之同霧縠
刦裂此邦人聲響迭琴筑召伯 甘棠詩萊公路傍竹
學道則愛人感應原自速漢獨 重循良餘子等碌碌
何必歆廟廊不須嫌矮屋

與張小村飲薄酒席上口 占奉贈

西街酒淡淡于水欲盡杯終長 帶滓不如飲水水猶
清世情世情薄薄應如此張生 磥砢負年華璘瑞色
色見奇能走馬金盤呼五白片 時定有萬人誇坐中
三五談元空吞醨澆醇猶高格 滿堂笑謔欲天明雞

纖塵起無看核自古屈伸無定期壯士停杯聽我詩假令雨久淒涼日便是樽莫酷烈時君不見高陽酒徒懷抱惡時命不來甘瓠落其間生計更蕭條長與隣家編苗縛突然光焰生蒯緱朝為戟士暮封侯咳唾之間安社稷左擠諸呂右扶劉

顧象葵許載酒快活庵遲之再三不至戲以十六句

一別何時思惆然百壺曾許澆雲眠四休冷淡知無地三徑風流別有天酷暑易生司馬渴枯腸難禁汝

陽涎蝸盧鷗席如遺約翠壁紅泉亦可憐

連日欲雨不成雨故人阻絶奈之何十旬九臘貧家少緑竹蒼藤野外多老去息機思舊侶醉來彈鋏喜長歌山陽興發同泥頓便卧虬松枕鷺梭

送劉思泉

數夜不成眠相思亦可憐五年新白髮赤子頌青天春酒迎花柳征軺向澗瀍逆卿劉寵去不受別時錢

題華封三祝圖壽楊東泉少府

積陽眞朱光脩景迎南陸豈知在乾封　亦見四目

賴我闔西楊隨車注膏沃一誠格眞宰頃刻呈披腹倏爾騰涌煙四野如撒菽翻笑不空了手鐵數寸木正適懸弧期士民慶玉燭徐生自遠來生綃持一幅不獻鶴南飛却獻華封祝索我山人詩匆匆掃兎禿我不顧明公多富滿囊籠但願祝生男慰此萬事足

楊清哲如冰蘗問斷如神蓋古之循良也時值亢陽爲虐民艱栽插公翦爪致誠四野如注梁山接墊江忠州萬縣達州開縣新寧大竹七境俱無雨惟梁山獨霑足焉非異事耶可以占公

一念之誠矣適丕誕辰徐生柳庄丕父子索余

詩書此壽之

來瞿唐先生日錄　八關稿

嘗置酒

古樂府宋孔欣置酒高堂上梁簡文帝嘗置酒唐李益置酒行其辭畧云朝日不夕盛川流常宵征生猶懸水溜死若波瀾停又云日徃不再來茲辰坐成昔安得夌風羽崦嵫跓靈魄大抵以浮生倏忽當置酒行樂三辭皆一意也愚以人之寄世苦不多時而乃淪落塵海不得高出雲霄者不過纏綿富貴貧賤

生死進退八關而已而其病源則在好勇好貨好色有以使之心爲形役凡民無足論矣每見英俊之士逢關卽墮惜哉殊不知有鎔鑄乎我者得此覇乘以破八關雖不能徑入無欲之室亦可以掃塵根而窺明堂矣乃作此八者廣之

進關

君不見積雲爲山山不成畫餅療饑笑殺人步虛兩腋未生翅不如自在坦途行黎花莫染桃花色鈹結

不生龍伯國年年點鐵欲成金丸轉依然一片黑身化爲鶵眼化鴟瀟匆還同瘦馬嘶鬆鬆白髮三千丈一寸愁腸一寸絲當置酒當置酒勸爾勸爾莫競進空羨東華塵撲駿不識黃楊原滯閏

退闕

君不見酒深傾跌醒時悔娥眉宮艷身先痿將軍不學赤松遊蹦通終作多言鬼丞相樓臺入天呼吸生風咳亦煙惟有黃犬世間寶有權不得片時牽誰人喜上千尋樹上到樹梢無去處風擺雷轟下不來

莫須霧毒迷歸路當置酒當置酒勸爾勸爾早知退

一箭射穿蟾兔背力盡終須落闤闠

貴關

君不見彥升梟梟縉銀黃聯鑣許郭駕曹王彈劾曹劉聲燄赫濤塵滿路慕羊莊大窮一日歸東越含酸茹歎那飛發鷹兒豖豖各流離歲冬霰雪猶披葛歸華別葉轉風輪昨日論交誰是真死灰惟見今飄泊肯思彫炭昔璘霦當置酒當置酒勸爾勸爾莫言貴門前車馬多如蝟朝起紅塵暮生卉披苔中見李子書

富關

君不見東溟西渤水悠悠河伯誇口騎鯨游鼉鼠聞香千里到一飽眉攢卽掉頭金谷樓臺甃壁千甍萬搆連天碧及爾半夜假臥時占斷依然剛八尺郭金貯穴張羅鐘一身有限物無窮八百胡椒無處用也與塵生餅底同當置酒當置酒勸爾勸爾莫貪富高明有鬼啼淸書偶因腐鼠翻生臭腐鼠事見六帖

生關

君不見鴻鴈雲中陣成行前者叫雪後呼霜一時過

去成陳迹白雲滿目天蒼蒼天地生人當如鏡千年
萬年居浩刼如何呼吸氣成生一口不來燈即滅問
君夜夜千年憂鷄肋將休又不休有時魑筆逼勾斷
浮羽沈鱗貉一邱當置酒當置酒勸爾勸爾莫憂生
髑髏當日息心兵盜雖風起任蕭蕭

死關

君不見洛水脩邛墳累累珠襦玉匣排金紫烏鴉不
怕舊英雄奚食都來銜鬼紙太陵光發幾榛蕪狐鼠
嬌痴白日呵一半又取田畯册不屬當年冢大夫祖

龍拔山山郎倒椒房蘭銜誰知鮑害塘紫月更愁人
曾照吳公臺上草當置酒當置酒勸爾勸爾須知死
買絲繡得信陵起長髯廣額竟誰似太陵下基星各一天

賤闕

君不見火燒楞木半枯槁蟄瘢蛙胝苔蘚老一朝呼
起居士名千人萬人來祈禱人間至賤賤騎奴人間
至貴公王夫配合不分人貴賤乾坤一向雪模糊時
乎時乎如剪絲朱門白屋一時改亭長不通蒼頡書
橫戈五尺平滄海當置酒當置酒勸爾勸爾莫厭賤

胡風捌雪欺單綿寒崖吹律俄而變

貧闕

君不見豫章梗楠充棟梁百牛連鞅雙輪僵桔桐僄薄一人把嚴春賀若相操張自古文章憎命達龍團翻爲畫壚奪假令學聖賴金貲陶朱先已傳衣鉢原憲茅堂積野蒿風棲雨慘寒蟲號回琴默琵徽清響千秋萬歲相孤高當置酒當置酒勸爾勸爾自安貧白水青山烏角巾朝朝長滿十分春波詩老妻雅了不知愛一半出入畫壚前

來瞿唐先生日錄選　吳稿

楊文節公萬里江湖集序云予少作有詩千餘篇至紹興壬午皆焚之大槩江西體也今所存曰江湖集者蓋學后山及　山及唐人者也又荆溪集云予之詩學之愈力作之愈寡嘗與林謙之屢嘆之又南海集云予詩每變每進今老矣未知能變否能變矣未知能進否古人用心之苦若此某作詩隨意興所到亦未嘗計工拙亦未曾學人亦未曾焚其稿若一時忘其收錄

則有之矣獨遊吳稿三百多篇一友人借去竟散失是以南岳廬山諸詩無一首存者此數篇乃張成夫宦蜀携來刻之爾廬山寄袁訃郎詩一首湖廣朋友能記之亦未入此録噫我命之窮通有數矣我詩之存亾亦有數耶書此一咲

登小孤山 三首

巉屼危亭古蒼茫落照孤寶刀脩阜肇金斗熨平湖歸去知彭澤重來爲湛廬凭欄時北望五色繞淸都

其二

孤根盤水府飛閣瞰天潢彭蠡秋濤濶潯陽棹影長
花濃三峽曉月冷九疑霜應去遨浮伯同來坐斗傍

其三

四面煙花接三湘樹色逼嵐光撐素幃晴日墮空濛
有客同談綠看誰詠轉蓬題詩長嘯去一葦任西東

蝸儀廟 二首

蓮殿龍蛇古瓊宮煙霧浮鼎湖今有主吳蜀昔空愁
旅鴈屯沙月漁綵起夕謳蘆花多故壘何處是歸劉

其二

不為壽奇勝無由棹晚風磯沙通燕子帆影帶蠶叢
舊業憐三鼎新恩錫九龍爐煙江霧接疑是永安宮

鞋山篇

我聞崑崙層城三千里玉樓十二敵天起左帶瑤池五色雲右環翠水無涯涘憶昔眞宰混一元獨有茲山鎮乾坤去地不知幾千幾萬尺南衡東泰俱兒孫兒孫瓜瓞太繁庶混沌氏乃分付曰爾各九州四海去五老居住茲山已多時鶴足鶻眼虬松翁老人之情愛幽獨不似羣兒到處居倜然一日跨白鹿杳杳

穿秦復度蜀江南江北總無窮　來向廬山尋源布瀑
布年年噴雪花三千弱水隔煙　霞丹砂雲母圍琪樹
回首乾坤一望賒嵐光水色如　入篛瑤華玉醴朝朝
樂誰知生女不生男百年翻令　成落寞大者湘娥嫁
舜皇左禹右稷禪陶唐離鸞別　鳳蒼梧遠九疑歲歲
哭瀟湘涔陽路渺空瞻望捐玦　遺佩知何方元君採
藥入衡麓回首蒼煙迷草路欲　往尋之問懶殘道在
雲深不知處山中尚憶魏夫人　金書玉簡相朝暮蟻
夫人嫁劉即諸兒風味攫虎　狠豕娈白日蛟龍死

王妃與月歸海底我祖南來靖江濤新恩方錫九龍袍蕪湖江下稱靈澤虹吐鯨吞還食血惟有大姑小姑不嫁人粲粱蕙棟水之濱小姑居其下大姑居其上五老居其中蹁躚永相望有時二姑或聚首琳琅偃蹇相先后晚粧煙水綠雲鋪亂潑臙脂之膩成五湖郡將小姑鞋流向湖心伴綠蒲千年萬年底柱到洪都豐隆不可震巽二不可呼看盡吳艎蜀舫銀波雪滾捲模糊人生有志志各殊湘妃母儀天下無元君白日騎仙駼蝶磯相夫終死夫二姑不綉鴛鴦不

怕孤一幅清水懸玉壺同與人間作畫圖嗚呼人言
有女必嫁人我言不嫁也亦可試問山中五老來嫁
與不嫁同鬢鬘

歌風臺

秦宮鹿失楚猴逐白蛇染血烏騅哭咸陽竹帛大煙
消風捲山河成破竹功成還憶沛中來前度劉郎今
又回翠華渺渺迷歸路金戈鐵騎響成雷白旗黃鉞
環桑梓芒雲碭霧排光紫人間喜羨錦衣還未必亭
長為天子憶昔賤為亭長時一身落魄苦奔馳懶讀

詩書不識字侘傺長爲鄉里嗤孰知風物一時改手提三尺平滄海自着戎衣閱歲華去任家山今幾載酒酣自作三侯章兒童拍手繞壺觴因思得國憑三傑猶欲斯人守四方遂將此地爲湯沐青山白水蒙優沃飛甍複道峙中天竹籬茅徑成黃屋我來猶有歌風臺昔之慷慨何壯哉一自鼎湖龍去后白沙黃霧起塵埃神雀醢雞同啅噭東流泗水無昏曉寒鴉啼處野棠開傷心不獨虞姬草

黃鶴樓

城郭參差水帶沙峰巒翠崔走龜蛇千叢煙繞仙人閣五色霞分帝子家天外看誰還跨鶴壺中有客又乘槎桐山雙鳳棲何處一望晴川樹色斜

燕子磯

紫燕依孤壁紅亭瞰大江烏衣無永巷白下足田翔王氣蟠龍虎門跡枕鳳皇雀覓道鳥翮迢遞繞黿梁一水浮空廓三湘接渺茫遠峰雲若布極浦樹如芒脩竹分仙宅苔階更上方芝留千歲草笛落五更霜松檜排虛牖煙霞護短墻壓欹陶淡鹿石跪左慈羊

揮袂遨浮伯拔甍覺漫郎步遲嗟謝屐詩瘦問奚囊

顧我登臨晚看誰引興長偶來思豹隱歸去有鷗莊

六代人文歇孤舟賦客狂江山成代謝南北惜年芳

不盡留連意飄飄上野航

重刻來瞿唐先生日録目録

生日五言排律

買月道言

醉七言律道言

二蟲詩新樂府

將進酒樂府道言

寄曹荔溪選

雪長短句蘇歐二公禁體

寄古建吾選

觀籠鵝放出刷羽泅瀕溪中

迎窮雜述 道言

雪中寄贈戴念瞿明府長短句

求翁解雜述 道言

古詩亦名康節體

一十六首丙七首道言

買月亭稿凡八首

買月亭選

買月亭張戒夫臨别索言道言

送王元蔡遊滇海選

寄沈梁峨七言律

答劉強齋昆玉書選

雪中邀陳桐岡常敦庵二邑博七言律

寄贈謝洞衡太守選

送渠宗弟薦書入選選

鐵鳳稿

登鐵鳳山寄傅達吾計部

蕩蕩歌

相士索詩口頭語與之

升湫歌 與張生醫者時遇傅太守宅

獨立

崔二臺進士載酒江邊席上口占奉贈

銕鳳江邊與高太湖方伯話別

朱最峰兩度惠詩扇過獎草此奉贈兼致不敢當之意 二首

送魏淇竹計部 時集宴達吾宅

松木溝雜咏

勉愛行送陳西岐還銅梁便柬張峨嵋中丞

白帝城二首

昭君辭

重刻來瞿唐先生日録　重游白帝稿　甲申年

恰恰

恰恰又是三川路悠悠自笑百年心卞和慍悃多應王許邁飛騰不在金恰恰人生亦何苦朱華素雪血飛弩何處名爲鄒何處名爲魯回視倚天光睢維相仰俯俯者爲實仰者王王者自歌實者舞一歌一舞成千古恰恰復如何榜人牽冋也成歌白日鴽雲蠣道術不在多拍爾陵陽肩𢡟惇莫蹉跎聘睞一鳥掠船過層碊虚牝龔藤蘿諸木作弩者三五翁後郎軟椎飛木愈射愈勁

其赤若名血飛更勁遣箭更速惟速故以飛名

尋袁雙溪隱處

故人一别隔蒹葭知傷周溪舊釣槎顧我來時三峽雨尋君隱處萬山霞步兵求仕多應酒桑苧逃名豈為茶無限相思相見意煙波江上夕陽斜

慰人

騎馬必欲尋驌驦恐君步行只到老食肉必欲得猩脣恐君啖菜自甘貧生于必欲如曾子世間人子半皆死為臣必欲如比干古今紳笏盡貪奸萬物不同

形有好必有醜萬變不同路有平必有陂不如我願者十中常八九東隣貴客紅鸞姿惺憽早去拜丹墀有位有祿有珠玉妻嬌妾美止無兒西隣貧人一昧蠢癡憨也不識元牝雙眸漸老電騰光生兒五六蹉檜弃世事至此吾不知何者爲貴何者賤誰可憎惡誰可羨說與君君自見萬事何必從君願麗華之妻釆就之主人人都慕想誰消百甕虀箇中如自懸終是落䰐雞照君心上事然我手中犀君不見眼前十指本一體有高亦有低反掌之間且如此何况世間

紛紛萬事各町畦安得從人心意願斧剷刀鋤一般齊

有所思 吊傅達吾

有所思兮思正急美人只在千金石我來石上空寂寂漁火不然江水碧有所思兮思翻疑美人只在流杯池我來池上草淒淒綠錢黄霧灑涔潸人生寄世何草草奄忽猶如過目鳥俯觀江漢仰浮雲櫞蠡登巢何處好有所思有所思兮竊至曉錦琴洛浦遠何早蛟龍纏劍還雲表鸞鳳夾簫飛空杳乘虹我欲登

蓬島謦問群仙壽與天生憎魍彗人顛倒紅顏悠爾
翺先歸有所思有所思兮令人老蕭蕭疎柳三川道
傳子北還時余曾以有所思寄之載之鐵鳳
稿中乃爲余作日録序自以爲余之鍾子
期未及一載而遊岱宗今子則擬春余當
絕絃矣不覺令人慟悼茲復以有所思弔
者不忘生前意也

遊下厓寺隔江遥望朱雲石別墅蹲底二十二
韻

欹石轉盤渦捫厓獨木柯嵌空疑鬼鑿洞古喜人過
霄漢虹橋近浮居寶筏多山連魚復國水接虎鬚波
丹竈塗黐胝趺關溯鳥窠霞明鬆石象灘急吼江疊
八解鳴空澗四禪隱曲阿天高惟福善地勝有神訶
懿此息心侶來茲安樂窩三刀曾試夢九籥竟成吪
旋綴廬全屋垂捎翟尉羅稻蘳宜水埒瓜蔬愛陽坡
朱甃烏皮几黃冠白鷺蓑弄九登彈子釣月下盤沱
茶茗東岡子栽培郭槖駝先生今日傳狂客豈無歌
取醉嗟元亮相逢盡髻螺乾坤思管鮑花鳥總陰何

繫帛長驚鴈揮毫可換鵝吟嘮疑越調咫尺偶涪繙

邑雀臨饗啅殘蘆抻水倦詩成投鯉館應是化龍梭

彈子石名在盤沱江邊其圓如珠

雲安嘗酒

賈浪仙孟東野文章亦是尋常者小魚彭蜞味非珍

纔然啍噍腸腹寡惟餘銅斗一篇歌高出清倫稍古

雅自種韓愈桃李門聲名不在維參下流水高山一

曲琴悠悠世上孰知心千年賀若歸何處廣陵自抱

自呻吟生平策足欵段馬夔胝鹽車歲月深長向北

風嘶稭草伯樂一顧卽千金君不見麯米原是夔州産未必醺人剛一盞假令方之快活春伯仲之間爭耳眼止爲詩名重酒名遂將白水傳青簡清僧賈島也蘇詩要當鬪清僧僧未必當韓豪寻快活庵中所造之酒名快活春

答周紅岡講致良知

菩蒿似艾原非艾滿城戴𡣞空相賴杜蘅似葵不是葵淚傳心事向樽職理欲之立不容兩白日忽然生魍魎欲做擒龍打鳳仙習心磨拗須翹翹孟軻拳拳求放心切中今人膜內痕

寄譚敬所二首有序

敬所臺中時去滇海任茅廬荒村鈌欵烹菘
炊㸑與余共榻連轡叙濶未寐次早送至溪
邊乃戲余曰爾高賢決戚矣我見爾以菜待
大賓談笑自若應知爾心鐵石也加餐加餐
喊喊而別距遊白帝見郎君於楊少臺家對
酒懷舊申之以詩

東閣郎君金玉姿元亭一笑倒鴟夷郎看此地浮觴
日翻憶當年煮菜時元亮歸來心已遠長康老去性

還癡孤舟客夜難成夢莫柝宵砧有所思

自小山人耽野興一生活計在滄浪典墳有味黃金

賤松菊多情白日長笑我登臨雙脚熳看誰音信寸

年涼南來無限鶀鴻侶莫惜瑶華擲釣璜

重刻來瞿唐先生日録　來溪稿　乙酉年

溪在岑公洞山後溪上有觀音閣峰巒劍攢天外

過傅達吾舊居

都歷西風捧火輪大江東去一溝銀郎看三徑羊腸路翻憶千杯馬乳春杜甫堂前新舊雨翟公門外往來人可憐日月成何事長笛蕭蕭起北隣

舟入求溪

雞聲遠遠度煙叢榜客蕭蕭欲起蓬三峽氣騰明暗裏千金石沒有無中從來愛詠休文月此去應憑宋

玉風更謝王翁能醻客東方旣白臉猶紅

旱

雨師曠厥水部職尸位素飧非一日當春及夏不發生塈舒怒之不離畢遂令閼伯弄炎梭白晝縱火焚人禾趙盾不曉民間苦助火爲虐飄紅波可憐龍身鵝血紫翻笑泥人立關旦孫仙只欲覔靈方不管胡僧羞欲死安得南陽起臥龍搯除青黛美人虹千機萬秫澆酥汁處處農家金三尺古詩平地三尺雨農家三尺金

賦得長相思一首答楊鑑谷書

君不見黃姑女孫隔河梁年年七夕又成雙又不見蔦蘿松栢不同氣短枝弱蔓長相將無情之物且如此人生靈於物何事參與商美人住江北我住江東魚復國步小相逢芙蓉衢面上桃花頭上暈不知隔別今幾年手提紅月還娟娟蒲葦爭光成甚事星霜不覺上華顛萬念如灰灰更掃三十年前心郎了惟有古懽朋友情風雨五更猶絕倒美人究亢寄書來元猿驚散白鷗猜開緘如見面一字三看腸九迴長相思思之亦將奈之何哉安得招邀夔進士儘秀才

加我山人來矣鮮與兩日日同眺糟邱臺頹我瘖瘖
眠空谷不友縉紳友麋鹿懶遣奴星結柳車惟彈一
調無絃曲此曲未向世人彈知之者惟有嶺上之松
溪下之竹譬如漫客學屠龍千金之産盡皆空無地
施伎倆翻不如癡聾南箕北斗終無益浪說當年翟
必通九有茫茫今忽古磨磚作鏡心常苦鮎鱗強得
上桻雙宊客眼看成斥鹵赤須白足學長生依舊輪
迴登鬼譜不如美酒日悠悠醉從丞相車中吐萬事
不如意十者常有五虞翻骨體疏江總文章嫵癡虎

笑⿰豸思龍⿰豸思龍笑癡虎胡肥鍾瘦信人書咒風炎電隨

天王吾惟歸潔其身而已矣美人何必計較海底珊

瑚天上白榆西湖之風東華之土長相思思如何此

身思生兩腋翼與爾翻翁五岳之標巔趺坐泬寥之

⿰龠并阿挺星登若木弄月下銀河酒酣之後却寫驚天

麗句問真宰驚破十洲元海之蒼波四答書中所謂教與古樂府長

相思辭意畧殊

酸齋

君不見埜巾婆娑形本醜郭泰頭上郎瓊玖至今猶

各折角巾周晃般綷齊不朽又不見山中蒲葵其物賤謝安兒戲裁為扇一刻九衢價倍高蜀錦齊紈翻不羨貧人見肉口垂涎三尸五臟火齊然朝煙暮雨酸齏菜到口思連瓦器捐貲人行酒坐亦肉作客招賓日不足千杯萬筯六龍西亂眠忽醒雞將啼偶得酸齏救燥吻回首熊蹯價謚低人生無貧富無好醜不論登廟廊不論居畎畝但我一時得意處百骸九竅皆抖擻何必千辛萬苦求黃金只要黃金量石斗勸君莫只問天梯且來聽我歌酸齏酸齏酸齏看來

一物各有一物味安得功名富貴人人都要一般齊匹夫各有志有志不可奪君又不見李泌富貴第宅非所樂但願一覺天于脚明日太史奏客惡

割蜜

朔管聲驚風翕習雲腴秋老寒光濕洪濛剖破鶺鴒刀龍膏瀼落驪珠泣髯奴擘出芙蓉酥夷語羌聲攪五湖氷紗雪鞘臥瓊玉挼菰笋出霍家姝羊娘竈染絲飛藕玉瓜鷺浴琉璃甌褒神飄沫貯雲霞揚雄太元燦星斗

生日

一雨遍求溪千峰亂掛絲流雲來作帽野水去承池脩響時飄沫鳴琴漸自移吟魂依綠蟻鄉夢繞南枝旅歲驚將暮家園屢卜期江山晉客任花鳥愛人詩父母劬勞日隣姻慶賀時行藏風月識好醜鬢毛知靑鏡窺誰笑黃流轉自怡脚常思五岳心懶逐三尸聞道常嗟晚求仁已覺遲頻尋宜父樂不改長康癡藻景原難駐翱陽豈易羈樊侯方種漆元道正歌芝峋嶁應非遠天關戒自欺爲山須進簣策馬莫停[illegible]

買月

風月隨我已多時三人心事盡皆知吹我衣裳千佪立照我文章萬句奇偶然茅屋如揚皺滿園百籟吟聲韻喚醒昏昏醉酒翁說將月來賣與我我言老友已多年賣之之故亦何緣風言渾沌只一箇却被伏羲畫一破遂使洪濛分西東他名爲月我名風六龍捧日從西走我亦隨月看芻狗自從生君弄月人月不在天在君手占戀于今三十年替君詩思生瓊玖將我風月都平分不得團圓共相守不如收價賣與

君萬里清光盡君有昨去通明告上帝上帝已許連
肯首我言寒儒有甚錢雲間天上買嬋娟風言不用
君金玉止用君詩一百篇我言一字千金重買此蟾
蜍欲何用不如將酒澆我詩擊玉敲金抱鄴頌風言
曾與月商量任君減價也無妨新詩一句亦儘足只
有心事要說出若是離畢雨滂沱不得到君安樂窩
藥師亂翻銀河水霓裳濺沫濕婆娑我言如此決不
許賣月之言盡虛語既然有雨不得來虛室生白誰
爲侶風言有雨我先來爲君代月掃塵埃早送百花

香滿屋曉遣松聲圍湲谷一日不見如三秋豈肯令
君自悠悠我言如此亦暫免晴日卽令懸山巘照我
書房繞我帷千年萬年屬我來矣鮮東憑蔽明西長
與風引月來立旁放再三再四囑付月丁寧聽我結
垂盟庾亮之樓莫去元暉之庭莫行仲宣之西園莫
照陸機之北堂莫明李白若來邀怔怔徃西征謝莊
若來賦淡淡浮雲生玉兎爲我擣長生之藥桂蘂爲
我播馨香之名一段虛明我已買不放淸光下湖海
酢

山北山南幽更幽人間飯熟未梳頭一生舊事提長

剱八句新詩起短鈎供奉當年曾作聖伯倫此際又

封侯即時拜舞騎鴻去鳳表鸞箋謝日休

皮日休詩云他年謁帝言何事請贈劉伶

醉侯

一蟲詩

蠶

繭雖自外織絲從腹裏抽人皆穿爾[illegible]公不識[illegible]心[illegible]

蜂

千山萬朶花五風十日雨人皆樂爾甜不知爾心苦
唐人詩云一將功成萬骨枯又盧仝謝茶詩
云山上群仙司下土地位清高隔風雨安
得知百萬億蒼生命墮顛崖受辛苦又辛
侍中從文帝射雉帝曰樂哉辛曰陛下甚
樂群下甚苦二語詩意蓋本於此亦猶白
樂天之新樂府也

將進酒

銀漢捲霧飛青霓惜花携酒排金罍氷輪斜傍玉繩

低懽呼起舞枕中鷄丈夫各抱通天犀安得箇箇金印如斗蒼頭提千年夸父雙眼迷誰挽羲和轡不西金谷秋草烏夜棲來向平原塚上啼仰觀群烏飛俯歌將進酒鶴尊鸞爵呼來澆我談天口我是人間修月手應有光芒貫星斗焉得屑屑去問王康琚大者朝市小者藪賢人濁聖人清矣鮮與爾有舊盟北斗七星化爲人學我快活學不成我既嫛婗世上應長爽又何必再論清清濁濁酒之名且來快活我平生快活快活來氏子已知千年萬年不死矣崑崙崑崙

在何處我將騎鸞直上九萬里火輪飛焰六龍紫廻
明殿閣流銀水照我詩仙胡至此錫我以瓊蘂可度
之屑授我以汪氏不死之醴萬一千年萬年之後自
玉樓中隨物化定配享吾黨李白同祠共宇峨山裏
清風明月來相弔定請宋玉作傳謝莊作誄

寄書荔溪

曉日掛銅鉦俄爾雲塡壑扶輪自東來析析放蕭索
鸞彼歸飛鳥顧疇鳴秋檮浩江芙蓉老所思在寥廓
之子去悠悠三載猶如昨俯觀瀛海生忽如過目鵲

大江日夜流去矣不復却朱顏倘可酡白髮終無藥
揆余靡麗姿休漸應脩薄自笑屈轂瓠應難鑽把杓
于建肆飛藻玓瓅麗金艧好借玉雞毛捧天鎮六幕
而胡翻釆縈承嘯千仞霄圓折闢方流菁賁自光爛
既希防露吿紆然徵賀若蟾兎人璇題洛浦共綷約
夕淪注金壺反側紛六鑿鴛鴦裁合攡尺寸相斟酌
願隨晨風翼快此層門嚼何時登塗山談笑傳錯落
寄言遺所欽搦翰心如籆師涓久不來無人奏別鶴

雪歐蘇二公禁體

朔風撼山山欲裂元石無功一時散（缺績字無功）起來樹
上看擣封地爐龍蟹重添炭歐蘇二子矜辭華不持
寸鐵以手捍譬如虢國去夜遊十分嬌媚三分髮却
嫌脂粉遮天仙淡掃娥眉使人看我今才薄賴粉本
安得空拳登彼岸兎園詞人从不來摘鞭回顧起長
歎不如且去求焦革將我詩思漫澆灌一杯方入口
耳熱起微汗二杯到詩腸腸中膏肓磊磊落落之泉
石一時起舞逼叛亂要出與雪鬭清冷爭皎潔截虢
截嗷相呼喚詩既狂呼酒亦無算碭筆自戰寫長篇

一句不易一字不換果然取雪來相比我詩清泠皎潔十分全雪併得我詩之半醉後機息臥躓床詩魂擁我如雷鼾齁笑鮑昭有機心體裁去學劉公幹

寄古建吾時長沙二府

蠟月日初三瑞葉飄滕六未集謝莊衣先零司空谷念爾去悠悠伊余空碌碌羲和敲玻璃夸父鑿輪轂玉兎從東馳金鴉隨西逐鷗鷺憶長波玉鮪思舊匵何時共霞觴此日裁雲牘賈誼才本高漢文恩亦沃不得據要津翻令生華躅白生元積梅黃虔鍾繇菊

遲速不同時升沉各有屬何是陽春歌誰名激楚曲
宦味飽蒲盧功名同戲局五白如可呼七戰亦甚速
綠綺音更高紫電光堪擲思君當雄飛笑我常雌伏
不求史上青但願尊中綠三杯封公侯一斗騎鴻鵠
湘水多魚腳衡陽饒雁足莫惜響瑤華歸飛慰麋鹿

觀籠鵝放出刷羽泅額溪中

紅旗白鉞度辱顏老將騰飛此日還寄語酒泉舊卿
已今朝生入玉門關[redacted]池魚籠鳥有江湖山藪之
思人情大抵然也賦之以此

迎窮

求溪之峰有千朶焉崖巖一二若爐煌匠石所削者中有浮居飛閣重巒回軒雲雀矯首扢太清以混成焉來子九日携青州從事披莘路捫石竇直至其巔趺坐石上漊中遣倏八極圖於寸眸宛然韓仙騎驢太華之狀也俄而足下鱗鱗獵獵非煙非霧若人鶴冠豹履直達於前來子曰何物也即長跪於前曰賤子窮神也來子曰窮有五惟命窮人多惡之昔韓子送爾吾意爾群群居元瀚之外矣爾尚在中原耶神

曰公讀奕公豈不見韓子之書乎韓愈結柳設糗三揖而送之者乃我同父異母之弟也非我也父如眞諦審字得一我母陽弟母陰我名窮神弟名窮鬼弟愛入宮室之美妻妾之奉金玉爵祿我則掌孔門傳心印通八九竅增益人所不能益壽考兄弟二人奉上帝之命長遨遊於江海之間一日上帝欲唐文之變憐韓子之才命弟事之三上相書韓子雖匆匆送之然奉上帝之命不敢違也故事之終身獨上佛骨表之時弟畏天之威躊躇徘徊乃我主之吏雪中遇

潮陽遇其姪於路此一年則我事之也千年之後上
帝又憫孔門格物致知之學千載不明絕而未續又
命我事公今已三十年矣來子曰既三十年何以家
居時不見而至此見也神曰我雖事公三十年公日
夜惟樂不以我爲事故我能入公之身而不能入公
之心常得公之見而不能上公之面今登茲山攀蘿
援藟手煩足勞故我方得到公之前而呈其形焉曰
公之樂非絲非竹非爵非祿非媛非婌非金非玉意
者其有所覺悟而樂乎來子曰爾亦知我乎神曰我

事公三十年安得不知公來子曰觀此爾敢甚於我多矣韓子送其翁我則迎其兒焉于是卽岐阯卜刪曰築太極之層臺豎五性之元府揚孝翁之華於桴忠信之士鼓齋戒洗心迎神於求溪而兼爲之辭曰繄一氣之構天兮烟烟洋洋乃剛柔之變合兮萬物紛張鼓動陶鑄而無亭毒之心兮糾錯抶扎而匪常胡人性之好炎兮爾獨蒼蒼而涼涼不入七貴之宅兮不登五侯之堂遇金谷而廻車兮見郭穴而旋驟長抱影而娛樂兮自歌咏乎滄浪爾之性蓋天下之

至沖淡者也堯舜之時民安物阜爾名潛藏至春秋之時遊孔子於陳而爾遂傳聞於天下矣因君子固守之一言爾之名得孔子而益彰爾無上兮千柱虎豹髮鬭淒浽兮皆綃戢雩兮膝骨兮上不可以棲兮爾無下兮重壤潺蟠無極兮伸野游光傀傀陮陲兮下不可以棲兮爾無東兮析木萬里澥溥翶兮焉衝當蹊兮東不可以棲兮爾無西兮金樞鑠礫兮沙嚳石兮條支鈉人兮西不可以棲兮爾無南兮彩伏之尼婷嬼兮楊桂熛而絳天兮南不可以棲兮爾無

北兮鴈門埻雺薄草木兮鷩飈飂跔裂肌兮北不可
以棲兮爾無四漫於中土兮中土之人千頭萬箇東
郭之履長穿盧仝之屋火破冬煖兒寒年豐妻餓火
狐吹焦先之廬豆秸飄袁安之臥家無宿舂門無客
過鶉飛西河之衣草侵仲蔚之坐庵庵㡯㡯傪傪𢋈
𢋈中不可以棲兮爾惟從我無上無下無東無西無
南無北無四漫之一兮爾與我攜此一兮尋顏回之
巷兮簞食瓢飲兮登孔子之庭兮仰觀浮雲兮乃息
蔭於孔林之中兮呼清風而問襟懃皓月而長歌歗

白洙泗之水兮清清尼山之雲兮亭亭美人兮慰我好音於是騎巽二而上開陽兮度銀灣而去白榆兮復趯日觀兮戛翔陽始隴榑英之津兮照我[illegible][illegible]赩赩兮神兮神兮與我充塞天地兮

雪中寄贈戴愈瞿明府

玉燭南箕驚旅客耕夫處處歌宜麥希逸月來下夜城陳思馬入玻璨國誰人載酒到梁園買月亭高徧更白好似安仁去種花扶疎頃刻長雲霞河陽一縣揄山色千樹萬樹皆奇葩又如大山神女嫁西海瓔

嫿琪姘相爭雝旌旗龍鳳縱橫飛只異太師嘗其寧詩成玉屑帶冰書此去憑誰投欵乃一望岑公咫尺間剡溪何日酒潺潺翻笑子猷終興少棹歌何事夜深還

求翁解

來子客求溪有時矣或時坐溪上之石或讀書閣中或溪之人載酒歟于峰上或尋其洞乃名其石爲求石閣爲求閣峰與洞皆以求名之自名爲求翁客有遊於來子之門者曰先生不愛不求今自名爲求或

者不可來子曰心有賓主所謂不愛不求者必其有所愛有所求也使主不能勝賓又安能不愛不求今余居此溪所弄者此之月而已所吟者此之風而已夫所弄在月則所愛在月所求在月矣所吟在風則所愛在風所求在風矣則溪也石也閣也峰也洞也我也一也物我渾化意象兩忘以求名我大誰曰不可容曰發矇矣

古詩亦名康節體

古詩十九首竝蘇李二詩載在選中皆三百篇之後四言變而爲五言者擬古詩者卽其辭而擬之是卽齊奴之闘富也殊無意致余作古詩乃卽其人情物理有所觸悟者作之雖與古詩聲調略殊然可以懲創感發而其辭亦同古詩之俚也

其一

豹死惟畱皮人死惟畱名王彥章之言莫因富與貴錯用

一生心君子與小人隔之只一指差之纔毫厘失之
便千里長笑老瞞癡有才又有時岔路千條苦纏牽
萬斛思此念學周公伯仲爭驅馳富貴既不失榮名
亦相隨而胡冊元茂覬覦念益滋雖然鼎足分終爲
他人褫只緣錯用心翻爲後世嗤反手即鳳麟覆手
即虺蛇不去做聖人却來做奸鬼

其二

醒時醒一醒悟處悟一悟一醒兼一悟便是學聖處
喚醒又不醒纔悟又不悟凡夫與俗人原是自家做

古人有閑處今人偏自忙今人有短處古人偏自長
聖人一發憤發憤食便忘爲甚事發憤此心長思量
孟子養浩然至大又至剛至大在何處至剛在何方
披荆覓芝蘭撥雲看三光今日醒一醒明日悟一悟
一日復一日就生登天步立在崑崙巔絶目四面顧
下見紅塵起千條萬條路

其三

大江日夜流怒馬逐金鴉人生天地間塊若一樹花
時來呈色象風至委泥沙又如遠行客忙忙客路賒

行到天盡處，復還真宰家。高者學聖賢，堂堂戒君子。
中者飲美酒，磊磊被紈綺。癡者如精衛，木石銜到死。

其四

飲食莫太過，太過必破腹。指甲莫太長，一折卽傷肉。
李斯秉鈞衡，妖狐駕火輪。一飛飛到天，與天相比隣。
一墜墜到地，不得求編民。不如顏駟老，沿牒日碌碌。
登天不爲榮，墜地不戒辱。

其五

君子盡在我，不必求人知。長下如葵心（淮南子：聖人之於道，如葵

向日一誠戒自欺因想古聖人伐木絕糧時譬之喪家
狗喁喁百般啞千載時不同況又至今日子珪豈不
才位不登執戟君山豈不賢鍛羽常蹢躅太宗常有
言此言君須知待我心肯日是汝命通時風送滕王
閣雷轟薦福碑一刻不可早一刻不能遲梅只可爲
梅棗只可爲棗酸甜天生定改變不得了莫矜我才
高須知他命好春風一日到蕭艾亦生藻卿雲天邊
垂荆棘亦光皎自家不脩德王侯亦瘸草手中彈絲
綺紳上佩瓊杇木登和氏塲必有鍾期知

其六

東隣女聰明日日理桃紋翻爲聰明誤終身不嫁人

西隣女醜魏恂愨如聾啞嫁夫排金門到瓅騎驄馬

揚雄著太元三都賦亦妍杜甫成詩聖太白作詩仙

兎輪落赫蹏鳳鳴龍亦吼紫潭偶一滴一滴即瓊玖

四賢豈不備胸臆羅星斗終身蔭蓬蓽東竄又西走

郭舅蠢於木金銀堆齊屋元稹詩東家頭白雙女兒爲解桃紋嫁不得注余掾荆時日擊貢綾戶有終老不嫁之女

其七

百獸愛吞腥百禽愛啄腐多者傷羅鏃不爾羅網罟
不見水馬兒東坡有水馬兒詩跳躍弄潺潺蟬向金虎鳴悠
悠高樹間惟其無所求利害不相關李泌與張良功
成即辟穀高足策雲霞繩索不得束有利必有害知
足決不辱不須巫咸占莫向季主卜

其八

天有掠刷司中設照人燭知人之怪巧識人之偏促
損人之有餘補人之不足有富必無貴有貴必無富
既富又且貴壽非金石固三者若能全子孫必不賢

四者兼之有文武方能戡盬般戒叛賊王環破戒玦
遂使東征篇昭昭登簡册譬如嫦娥美要美美不得
三五面纔圓三五面又缺茶能醒人性酒能陶人情
二物日用間天地不兼生庖丁善解牛方皐善相馬
彼此小有名千年附大雅猶勝讀書人沒世無聞者
相馬兼解牛藝必居人下

其九

嫠婦哀夜長志士惜日短豈在長短間一念各自管
孔子齊聞韶三月無肉味惠可欲求法舉刀即斷臂

味豈不在口臂豈不在身此心各有重啓味何足云
欲要得虎子須要下虎穴欲要驪龍珠須到驪龍頷
霧豹求文章不食常自苦犬豕只愛飽腲腇甘作脯

其十

愛者即爲寶不愛即爲草愛者是真龍不愛是蛇蟲
師古只愛畫一畫千金價嵇康只愛琴一琴價千金
貴者雖自貴我賤一毫輕賤者雖自賤我愛重千鈞
務光讓天下天下即敝屣王氏鑽李核李核即羅綺
裸壤售袞甫聾俗奏簫韶我物非不貴彼不置毫毛

齊王只愛竽來者去鼓瑟彼此不知音嘗同戚胡越

其十一

娓娓金谷園樓閣遮天起一朝天風吹化作鄱陽水
前人千尺臺後人平作路前人十尺墳後人栽作樹
碑碣終消毀金石亦不固誰言自鋸鋙飛薄都戚霧
纂纂又離離一日作枯枝雍門不曉事千秋萬歲時
富欲多千箱貴欲錫九命杞人日日憂江淹時時恨
恨者恨戚𢥞憂者憂戚病不知戚方至忽爾敗又來
戚敗既循環憂恨何爲哉

其十二

顏回鑄孔子落落陋巷裏秋風敗叢蘭三十即早死鄉人炎涼人寒儒而已矣陽貨當其時言仁必不富狐質被虎文赫赫居要路呼人來與言氣焰亦可惡而今較顏回重淵窺天步韓愈送窮日爵爵相門間朝進暮又出上書叩天闕宰相不垂青三上亦厚顏豈知千載後聲名重泰山青青十七史僕射名已刪死後說文章生前誇富貴屈者今日伸顯者當時晦

其十三

世上有一關，原是般匠作。木石甚堅剛，牢固不可破。
將軍日守關，呼喝不許過。少年有壯志，不肯關外坐。
猛力打一拳，粉碎如着鎚。化作清風飛，清風長冷冷。
騎起清風去，只到崑崙頂。羣仙見我來，璀璨烹玉鼎。
授我長生法，天地同久永。回視關外客，睡着不曾醒。

其十四

仲尼何處學，只於心上求。心上何處學，撤去心之憂。
此心終日想，未曾得停留。又要金銀多，時刻有機謀。
又要聲名高，爵位等王侯。又嫌屋矮小，臺榭畫重樓。

樓邊要花臺百花相彭𫠦又要好美妾王嫱女之流
又要好田莊歲歲得豐收又要有壽考百福享耄倸
又要子孫賢富貴長悠悠朝憂暮亦憂如狩亦如蒐
一日憂一日春來又復秋不覺生白髮甘心鄉人儔
宮墻不得望安得升仲由撒去萬般憂明鏡光瑩瑩
提起鏡來照仲尼在裏頭

其十五

我有一圃花擢秀長闌竿春來開桃李夏至開牡丹
重九菊華黄冬梅雪共寒不羨頓有亭不羡洛中盤

不羡士大薰不羡君子蘭灼灼順道機生生未曾殘
人見閒得時都說種花難問我種花法我笑不肯言
或言如何醜或言如何好或言如何遲或言如何早
或言如何嫩或言如何老彼也費商量此也犯探討
我言如此說終是傷於巧只緣伎倆多望空猜窈篠
不順造化性生意翻枯槁不見種花經經文一句了
說與種花人種花只鋤草

其十六

道德天上望富貴井中思將此爲功課時時常念之

堯舜是何人耶昭在簡策我又是何人落落同鄉陌
兩脚登泰山登登不要歇一口吞洙泗牙齦硬于鐵
有衣莫言寒有食莫言饑衣食既足用徙倚相棲遲
有衣既在身切莫思羅縠冬月雪霏霏途人倘跣足
有食既在口莫言下筯少猶勝隣家兒哭菜也當飽
志士向前行溝壑任枯槁喫得菜根斷萬事一齊了
任重而道遠貧寒何足道此皆數年所集在求溪者二三首爾

來瞿唐先生日録

石鼓歌

昌黎直指爲宣王之鼓者以我車旣攻之句
何耳且鐫石勒成類非璅璅之主所能姫周
獨宣王恢復文武之舊故直信之無疑矣愚
觀石鼓字多泐滅一團頑石耳韓蘇先後作
歌者重宣王也然則人可甘爲下流哉我苟
賢雖枯琴瓦硯人爭珍襲我苟不賢雖隋珠
趙璧人亦莫之問也嗚呼一石千年且有屈

俯而人生二三十年之窮通可置之哂齡耶

故學者當自立不可以窮達移志

辛酉之歲月在午程生約我觀石鼓是日歊蒸生微雨主人攈榼盈桐乳初觀鼉贔羅堂廡恍疑鈁鑊及錡釜及觀字畫半泐縷蝦蟇齧斷羿妻服桂華根折枝鈲頫老兎竊藥奔銀浦媧皇死後少縫補金樞誰人脩玉斧天仙下海尋天姥三三兩兩駕飛艣醉狂帽落衣襤褸鯨魚驚走蒲牢舞諸生觀者皆環堵一笑猶蟬噤難吐憶昔岐周開原膴十亂五臣爭建請

昭穆八駿驅馳苦龍旟蚪播巡水府宣王抗志繩其
祖六月棲棲發兵虢一時賢相尹吉甫元老方叔皆
良輔東都百辟羅簪組會同奕奕光西滸鎸功勒績
破山嶇陳蒐列路告文武周道既衰歌皇父七雄橫
戈鬪貔虎中原戰骨齊天崔百姓誅求盡粱稌司爟
譴責著頡怒災及邱墳燒籍簿從此元元無訓詁儒
術不用用眉賈此物存胥同罌甎霜零雪歷啼鷗鷈
豎跡蠹痕蟠繡黼無人愛惜移庵癘百年聯息箭到
今歷唐迄宋鞭飛驅吉日車攻辭麌麌何同義合符

千古韓蘇二子文章圖先後俱信中興譜慇懃作歌
告聾瞽表章之功不下禹貢生最晚況朽腐曾餓儒
禽結典弨幸今經術崇東曾披雲撥霧青天睹安置
妥貼到橫宇珍重不啻栢梁柱當年寶器光媚嫵天
球河圖列行伍到今都變滄溟滷東飄西泊十無五
不如此物罕童羖千年有客來摩撫吁嗟凡物屈伸
黙有主人生區區窮通何足數倘爲賢人縱貧窶瓢
瑰硃硬亦艮瑯倘成不肖同瓠脯隋珠趙璧亦嘗莽
信倡立聯須响嘍振衣抖擻赿寰宇堯舜周孔非有

赤子良心皆自剖莫學蜉蝣無腸肺朝生翅羽暮泥土

重刻來瞿唐先生日録　買月亭稿

買月亭

買月者余之詩也道言也好事者爲余求溪之峰誅茅成亭余訂証往日所著太極圖並大學古本于其中云

山上旋捎茅溪下旋劊木加以十餘椽木盡繼之竹
不無麗廔華高廠凌空谷好似放翁巢亦近孝然屋
時有買月人朗然坐幽獨手中弄一圓玓瓅光可掬
好風自南來與之相馥馥四顧雲霞高一笑山水緑

買月亭張成夫臨別索言

爲學如燒窯切不可助長火候功夫到煙自生清亮仲尼到而今千載道已喪只因名利關終日作膨脹因此自沈溺墮落深萬丈仰視魯仲尼仲尼在天上不須求花譜鴛鴦舊花樣只于心上覔何處是蕩蕩

送王元葵遊滇海

四序相推斥元冥乃其冬萬卉生迴游惟葵性至忠嘉頫從翔陽朝夕相西東我戀求溪勝泠然居其中買此溪之月御此溪之風灑落排冥筌日日歌桂叢

千山滴涔瀆憐爾遠相從深夜聽我歌廚釜烹黃菘明鐙照張標五斗又無功忽忽即相別送爾過采虹一壺聊供祖班荆相從容我愛點蒼山此念常忼忼今日歌驪駒何時寄鶀鴻元豹求文章不食廿九嵕惟學能染人甚於丹青濃去矣崇明德海日有時紅還當策高足獻賦明光宮勉此元葵心廊廟佐時雍莫學我憨懶麋鹿臥龍蓯

寄沈梁峨

結客當年漸曙星休文別後幾秋雲知君詩發千篇

豔笑我居常萬疊青插柳長成應有傳種魚生活豈
無經何時得遂山陽願夜夜梨花繞幔亭

答劉强齋昆玉書

日月成何事迅速如反掌河伯從東飛六龍揚其槳
何時別公非此際答老强追笑少年叢棼尾巡燈幌
廿載猶如昨令人發孤想把臂芝之蘭英曜星二五兩
君本紅鸞姿遷鍾擣高朗講學入河汾千載寄遺響
宮牆桃李花又種蒿莪笹作偶惠好音同病憐吾黨
我客求溪从砧霜忽巖奚溪上看紫芝之日共道情長

行雲思故山抱影時長往咫尺隔天涯空詠高山仰好向山中來愬月同清賞

雪中邀陳桐岡常敦菴二邑博

一夜寒颸屋欲穿千山瑞葉白于綿春蟲已撲山人榻豆稭應侵旅客氈舞去定隨袁淑馬興來好放子猷船相逢此景真堪畫莫惜橋頭灞上驢

寄贈謝劉洞衡太守 有序

洞衡公江海中之心友也家居時余曾寄詩云詩作蛟龍吼名應蓀蕙香載之釜山稿中

今已廿年矣時官川中文章政事一時並傳草木亦知其名屢吐芳訊無由晉接非以督木經梁枉寒廬嘉貺稠疊適余客萬州求溪未得晤言豚書來令人長嘆草此贈謝

湖蜀有兩友江海只一箇摘毫燦玉花出口飄金唾文雅縱橫飛典墳顛倒剟還將賈島奴直追宋玉坒句傳趙倚樓名重陳驚坐昔同上國遊兼示惠州和公有和杜集鴻鴈天邊翔麋鹿山中臥已識成雲懶非止同農惰義和自斥馳箕斗相斢皺好似馬扔車真如

蟻行磨悠悠二十年忽忽朝夕破　王家借眞才甘雨零旱稧山水頻探奇（公有人蜀探奇偏）農桑時勸課客飢从生塵齋馬長嘶餓河陽花嬌開罩父音愈播宦囊無幾錢圖書有數馱景行仰斗山淸風立頑懦臺省虛東南頳渤分右左豈知求溪去忽爾高軒過層雲薄高誼尺塡不足貨何曾具鷄黍未得解醅饋思君魂飛揚令人心折挫絲桐將欲樹太客从不作聊申濡翰情空將赫蹏沱郢水歌巴人燉煌擥斧鉎瓴甂愧璵璠羅衫笑幏稍何時重行行偶得相歌歌山中多

煙霞不堪持贈賀

右　公嘉稿生捧讀璘璸耀目曾欲與公作序

文但余快恬庵中有禁不會作贈文詩

則不論如不鄙樵人竹枝卽將此俚語

附之嘉稿之末亦卽附駔驥之旄旛軼

歸鴻于碣石也一笑

十二峰買月道人隣治生來知德書于

求溪買月亭

送渠宗弟薦書入選

一別三十年恍然如一日白駒送羲和倏昰電奔逸
洛犬與衡鴈空如傳命驛鵠報好音夜半聲唧唧
把臂成一笑慰此孤懷咄娓娓棠棣華不得種同室
憶昔晤言時鬒髮黑如漆不覺到而今已爲青銅匠
吾宗人多朴爾猶金玉質笑我友鹿豕歌咏長抱都
一枕羲皇夢好風時賣聾道術欲開花淚傳是七七
此別到何時何時歸鴻鵠長安亦不遠鮮飈常飄颻
人生富與貴縡杳已默隲正當清明時不論崇卑秩
少小讀詩書匪徒供佔畢出仕臨民人物欲在懲窒

二陸與三張古今亦非一行矣敎明德立志須投筆

玓瓅懸家譜姓名香馝馝

重刻來瞿唐先生日録 鋏鳳稿

登鐵鳳山寄傳達吾計部

蒼精矗矗蟠地軸滿目霜硼排玉谷翻翻輕飄兀坎
稠琅玕遶映三湘竹南風韶樂近夔城左皇右稷賡
元穆鐵鸞銜詔下重霄執信秉桓環岳牧影人巫陽
十二灣雲鬖冷落吹簫曲楚狂骨朽幾千年綠綺翻
作白頭篇朝陽客去無消息滿林鳥雀啄蒼煙回看
浩劫風飄瓦遣之承閒沉大雅岐陽花發幾番春河
洛空傳龜與馬藥珠仙子隔虹橋咳唾璀錯戒瓊璒

戊午十月十日朝雲邊遺我金錯刀剛風吹引步元璈捫霧披霞手可招此間白石可煮黃雲可燒胡不同來趺此鳳冠酌彼瓊醪天涯一望思滔滔無窮煙水落霜毫淋漓醉墨灑靈鼇山精腦裂驚蒲牢太清乘醉訪盧敖東極西荒海日高

蕩蕩歌

自嗤自嗤信自嗤素月流天起微飈鐵鳳厜㕒自振衣是我來歌蕩蕩時蕩蕩復蕩蕩問君是何樣將手取來看無形又無狀泉又達火又然一腔春自在生

意時相連莫從葱嶺遡錯謬作光圓白日唈唈鳴冉
穴百鳥聞之俱腦裂莊鵬宋鷄摩天飛千載回視無
顏色蕩蕩歌如尒何蕩蕩歌如人何

相士索詩口頭語與之

大相相聖賢小相相臺閣我有無色相恐君相不着
大相相萬古小相相一時我有無聲相恐君不得知
大相相乾坤小相相星斗我有無臭相恐君難開口
我相非清奇我相非古怪清風吹我裳明月照我帶
清風與明月相書原不載

升湫歌 與張生醫者時遇傅太守宅

巨靈喝山山自擘連峰嶃斷懸孤壁竅空一曲乳珠泉雲流日照嶃嶄欹赤子和醉後敲素虹呼童舐筆長升湫風遂一聲山石裂時有黄鶴妖青牛眼着犖步成真樂異境高懷相婥約翻笑曹溪一勺甘蔵从自然生築鑿春風吹杏鳥啼花巡墻繞屋蒸紅霞五禽不獨多仙術一枝猶足慰瘝瘕人生都欲爲巨相臨鬭雞犬通奔放可憐一段活人心盡爲求華隔塵障花間邂逅見高超刺史風流興更豪[illegible]若有梅花

夢定在天生月下橋 張從政字子和曾著六門三法

獨立

松木溝中草矗矗松木寺邊人獨立流雲走霧濕衣濕十丈龍泉翻雪汁丈夫硎硎無階級綠染囊衣青染笠君不見梁山來瞿唐前年病瘴晝臥床今年病脾櫱滿囊禁橀止盃鬢塗霜

崔二臺進士載酒江邊席上口占奉贈

人生七十古來少盡爲浮名驅到老杜甫憂時夜夜愁元超舊恨猶難了宦情多半染髭鬚紅塵白學無

[illegible]錄 東鳳高 三

人撫羨君平地作神仙金鼎瑶圖信自然少年調笑
明光賦盡入馬指齊物篇憐我棲遲銕鳳从拉我江
邊芳杜畝一曲高歌江怪驚青簾白舫迎紅友日暮
人扶酩酊歸沙鷗漁子笑殘嘽懽呼但得尊中趣說
甚空中雞犬飛

銕鳳江邊與高太湖方伯話別

少年談笑看吳鈎綠樹朱顏興御溝別來幾換蘼蕪
葉不覺星霜已上頭功名世上無眞假呼盧一擲如
奔馬譽予从著釣竿篇悠悠誰是知心者銅雀黃金

處處臺故人書絕令人猜天涯歲歲王孫草一腔懷抱對誰開幾年爾從巫峽去今日仍從巫峽來巫峽之水一去不復回與爾別去二十載之歲月不可挽回者與此水亦何異哉我有雲霞萬里腳年年長被青山約一笻偶拄聚雲閣夢中與爾同一酌叫回紛紛舊六鬟片片都城棄道屩挾醉欲騎錦鳳飛下覷八荒成落寞

朱最峰兩度惠詩扇過獎草此奉贈兼致不敢當之意二首

細雨春城淨畹蘭美人遠遠贈琅玕官清不獨甘塵
甑句古多應學建安衹爲泥滓妨馬足肯將咫尺隔
詩壇去年繪篁猶珍襲一匣瓊瑤墨未乾
五岳關心鬢欲皤一生活計紫芝歌文光那得高予
斗安樂應知小有窩苦雨黃梅沿徑落啼花謝豹皆
人過詩成自笑重回首水碧山青市地涉

送魏淇竹計部

幽居忘歲年永托山川與鐵鳳枕瞿唐咫尺不可到
一杖蒼龍灣銀海舒長嘯美人去殊方揚舲下一棹

別禍憶悠悠世故等幻泡石上破新尊瑰屑飛二妙
搏沙又飄梗千金買一笑醉後清廟篇餘韻發霹靂
水落石底月蒼然照我貌便欲馭天風同君駕鸞鶴

松木溝雜咏

自著漁經二十年從來不費買山錢山中醬瓿知多
少安得家家覆太元
酒滿春缸花滿枝自家斟酌自題詩磬聲敲破無端
思莫遣人間荷蕢知
十尺清溪三尺波春風杜若落花多閒來獨步漁郎

月偶聽滄浪濯者歌

勉愛行送陳西岐還銅梁便柬張嵋崍中丞

長風吹雪水澌澌溪橋松竹相因依西岐此去幾千里雲山忽忽將何之丈夫出處無平仄托身大塊須高格春風偶到孟嘗門塡門光紫排賓客一日囊空季子金貂前機杼成羞澁悠悠世態將奈何西飛白日生蹉跎回看匣中三尺水便是回陽止日戈別後還當策高足莫向尊前歌刻鵠誰道龍州無木奴春蘭秋菊爭遲速每向銅人問茂先曾於巫峽見瑶篇

丁香節竹煙嵐冷十二嬋娟亦避□爐峰擲地幾千尺何時詩骨生雙翼乘槎仙子筆如戟青天共問題空碧却恐山靈不相識先折梅花通信息

青蓮行贈李少泉明府

青蓮道士人如玉鸞詞蠟藻高衡麓郢湄王宋擅文名千載於今繼芳躅偶因製錦到蠶叢隨車膏沃遍花封花封之人歌李父詩書禮樂舊交翁樹蘭剪棘多懷惠白虹出匣鋩愈鋭巴川當路重于山棠名仍復收蒼佩我生山水是生涯鋏鳳來看千尺花豈知

都歷山前月一笑相逢意氣嘉林下誰人空白老羨
君年少負雄華丈夫行藏各有主潁川渤海傳千古
有樹逼欲種甘棠有服定知將袞補江邊醉後歌青
蓮坐看江水淨娟娟滿城一夜絃聲發何人不道子
游賢

賦得有所思一首寄傳逢吾

都歷照江江水碧美人只在千金石思與美人石上
遊捉月輕風生兩鳥白雁後後風颸颸美・在流
杯池思與美人池上飲夜蘭無酒解金貂我來

天正著小魚彭蜮同 亨煮漁沱泊酒問堆花得飲忘
形到爾汝兮來美人 綰銀魚飄飄黃蓊引高車相見
江邊還一笑燕南鴈 北似呵噓世上功各登九坂白
日紅顏生酡酥龔牛 郭馬誰相傳又見今人照青簡
有所思有所思兮思 離羣北山南浦隔嵐濆窓前不
待梅花發入枕神凝 則是君

江邊別郭夢菊 四首

巫岫雲霏霏灩澦石 齒齒細傒昔入夔在在歌麟趾
元藻拂櫺花紘歌滿 入耳支翁今重來風教立頑鄙

惺里先生日錄 裴鳳高 七

崌崍玉壘間色色妍桃李而今復何之令我走江涘
昨夜觀台垣大雅虛宮徵
何者爲魚目何者爲夜光何者爲燕雀何者爲鸞凰
悠悠天地間毀譽何滴滴孔某千載前栖栖日彷徨
况今千載後點白不戒著清風吹我巾明月照我裳
風月知我心浮雲未足傷
我有孫枝琴龍鳳蟠唇足不向人間彈往往尋幽獨
朝彈露下松暮彈月下竹君侯知我音五馬來空谷
投我白雪篇擲我陽春曲感君纏綿意徽上寫不出

爲君再三彈再三山水緑
出門天地寬江海何縹渺人爵不足榮榮名實爲賓
自古焦冥飛長不見鳳褋黄鵠掠雲霄屈尾爭池沼
贈君木難華錯落瑶光草素志將明德金石同爲老
萬里各分攜瞻望思如擣

金丹

我有金丹羲皇親授尼山日將泗水月就無意無象
無聲無臭實兮今古虚兮宇宙清風迎前明月送後
一朝飛身簫韶齊奏鳳凰來儀麒麟馴囿呵佛罵老

民安物阜顛連我持焭獨我救江湖丹楫宗廟籩豆
求丹之初惟除習舊養丹之法不愧屋漏
太白崖歌贈傅達吾民部橋梓
傅有精舍在崖下鏡湖流杯池黃魯直石刻
皆古蹟也魯直謂蜀中之勝莫有長于此者
歌以發之
剛風夜拂長庚落螺石江頭爭巑岏周遭雲母屏如
削直穿霄漢煙霞藹諸星相從下寥廓大者象馬小
者雀標顛一望何飄泊萬點芙蓉生霧縠一溝水雪

趑大壑乾坤元氣流斟酌琪龕貝賚鬼所鑿蹤蘊
元蟠粉牋仙人脅此飡靈藥石髓澌澌飛醴醪長局
扇海揺六幕恭邑恐終歸隕撣一朝偶爾騎銕鳳嘷
然一笑冲冥寞至今紅塵之子不敢登登之輕祿囂
我曾輕舉夢三台驅馳巽二戒龍媒吟魂逍散招之
不肯回乘風偶到小蓬萊前人遊者化于灰一灣古
血生青堆惟有豫章太史書數字神呵鬼叱不敢擺
近前欲讀之蛇蚓齧蒼苔傳氏父子兒翁倚馬才十八
者甘棠長向西北栽小者禦梧禁柳繞鸞臺一時香

名滿市槐緑野堂向此中闢午日寶鏡廠山隈詩豪
棋伯共流杯赤髭白足相徘徊古斷太白一厓秀直
與魯直相追陪頃刻古往即今來惟有江山不老是
仙胎不知千載之后誰又尋我詩于厓巒捫蘿緣瞀
掃塵埃丈夫得志無窮達不且與爾長嘯豪吟于斯
厓之中以消磨千古萬古之江山欲將爲之何哉寄
與猿鶴莫相猜好破厓中蒲萄鴨緑醅
古别離寄楊作吾時嵫陽三府
悠悠念征路四望何寥廓遊子行未行月上城東柝

仰視日月馳杯酒猶如昨夢裹各一方秋螢滿提落
怪鵂鶹歸鳥長如切夢刀五更到君前依舊陽雲濤
念子非一身安得同襦袍剩有林巒與不共眞珠槽
浮雲自東來偶然背溪走迴旋如白衣倏忽成蒼狗
食蘗與食梅人見各適口苦酸止自知對客不可嘔
我欲登日觀隨君入嵫陽飄然王母池安期共相羊
讀以玉虛篇飲以紫霞漿輕風殼兩腋海岳任翺翔
朝瞿唐兮夕梁父不作人間別離苦

雙鳥篇寄誠齋

銕鳳有雙鳥生長朱簾渼一鳥鸞之孫一鳥鶴之子
羽翼未成時風巢亦因倚來往夔雲根相將啄霜蕊
林薄葱翠多睠結同心綺一鳥羽翮長不生嫖火齒
澤國稻粱多翻厥如糠粃歸飛雲漢間長往入潒泊
欲棲扶桑枝止啄洧槃水一鳥覊雲羅手足有刀[illegible]
褦襶啣火來哀號常不已品類豈不同羽毛亦相似
天高湯網踈應當暗七豕顧哀此時命南溟不得徃
二鳥從茲隔咫尺成千里一夜腸百廻纏綿如蜀蠶
南來有鴻鴈豈無雲煙絍九關虎豹多終畏此矢

莫羨雉山梁莫怨鸞棲枳凡物各有主坎軻隨流水
屈者有時伸仆者有時起仆時何所悲起時何所喜
聽我嚶嚶篇詩人有風旨

春燕二首

一自飛來漢水湄春風幾度主人知烏衣國裏波濤
濶紅縷懷中去任遲但得壘巢猶未破何嫌鶯準漫
相疑乾坤浩蕩饒清景水滿汀洲花滿枝

懶與長林占一柯衣冠琴瑟傍行窩青春有脚家家
好白屋無常處處多笑我何緣穿水石看誰翻見掩

雲羅清時記得晚喃曲獨對東風發浩歌

酬大池

雷聲忽送牛頭雨野水遥分燕尾流好鳥簷前連日噪故人天外有書投渥洼羨爾今生駿溪壑憐誰自狎鷗到處春深深搴杜若可能無句夢芳洲

白帝城　二首

巫峽雲堆十二鬟樓臺倒影峽之灣陰崖亂點龍蛇窟疊嶂雄封虎豹關萬里有懷頻極目百年何事不怡顏可憐前度杖藜者衣短鑱長鬢更斑

今古關河一壯哉孤城殘堞掛崔嵬千尋鐵鎖鮫居畔萬壑雲濤鳥道來陰雨年年生蔓草隳碑處處榛莽苔臥龍躍馬都成夢只寫清詩伴酒杯

昭君解

北風寒月摧胡草琵琶一曲娉婷老自甘命薄付紅顏玉黛金鈿長不掃解一空斬摸形舊畫師世上錢神解盡眉黄金盡處無顏色佳人妍者自然嫙解二弱質從來逐雞狗甘酸苦樂無好醜長門且欲賦千金愁人不獨髯胡有解三尚憶當年鎖暮妝年年歲歲怨昭

陽身在漢宮如失志也與胡姬共斷腸解四

重刻來瞿唐先生日録目録 外篇第五卷

遊華山太和二岳稿目録 凡二十七首

登濟渴亭晋戲王次宇歌

醉卧玉蟾寺 七言律

南隆即事 絶句三首

靈雲洞 歌三首

贈别馬元洞五華昆玉 七言律二首

登錦屏山東陳六亭 歌

陳六亭惠詩見招席上用韻贈答 七言律

瞿唐先生日録 遊華山太和二岳稿目録 一

千佛崖用陳玉壘韻七言律二首

入棧七言律二首

出棧七言律

弔孫肯堂七言律

登華山用李棠軒韻七言律

毛女峰七言律

蔣家臺阻雨五言律

均州阻雨與王入蔣思東七言律

紫霄宮五言律

太和宫 七言律

澗 七言律

太和程道士 五言律

下太和山 七言律

續求溪稿目録 凡四十一首

浩然歌 三首

書青螺督學示諸生四章後 道言

答王汝誠書

遺珠忘者 道言

病足紀句五首道言

楊酉洲臨别索墨跡道言

答陳近夫書

寄周壽齋冉西陵七言律

寄秦獻葵七言律

答吳蒙泉書

輓隆見山七言律

戊子求溪元日縱筆七言律十首

答譚敬所七言律二首

答方玉岡七言律

清風兩袖歌贈蔡令長以繁轉臨川

重刻來瞿唐先生日録 遊華山太和二岳稿

登濟渴亭 晋戲王次宇

千朶瓊峰亭一蝸白頭僧見問袈裟回首家山何處是即看萬壑起雲霞詩思觸景如奔馬原來陸羽沉風雅一望天涯沉茫問誰是遼遼濟渴者計別于今二十年幾度幽思月正圓寄與王宏舊知已百壺那得酒如泉

醉臥玉蟾寺 用韻

金鳳峰前夢故鄉玉蟾宮裏見空王一灣古木煙霞

飽半榻條風梳篁涼祗爲青山長作客翻因白社更添狂此身却笑如秋菊歲晚霜寒發異香

後山如月故以玉蟾名前數石若眠有幾星之狀面一峰矗立林木鬱葱亦異境也

南隆郡事

一雨千山萬山秋遥遥行人爲爾晋欲去不去褪又去邂逅相逢郭梓州（梓州郭諱才華廣南人梓州博所著有梓州問答）樵谷之墓生陳荟子雲并栁亦堪哀千年有鶴歸遼海豈知今日我重來

走筆棲遲寄元洞兼問五華雙鸞鳳今夕何夕別何時記得相逢都是夢

靈雲洞

洞高廠跳跳而進其中黧然不可測長龕亦癖瘷好事者以石塞之測有呂洞賓爪攴所書之詩自云回道人後人名其崖爲爪攴崖

得得得回視未明無顏色飛身只到九萬里金丹不在梯仙國得得得無南北

哈哈哈何物仙家是聖胎紫霞一飲一千杯說與世

人莫浪猜咍咍咍騎龍媒

緊緊爾又復何之三千年之前爾約我飲瑤池宓妃裂裂吹參差三千年之後我約爾遊須彌周遭弱水繞金墀王母蟠桃花滿枝結實結實當其期女媧五色補天梯銀灣此日奇更奇我騎赤鳳爾騎黃螭去矣去矣復何疑緊緊且莫寫瓜皮

贈別馬元洞五華昆玉

少日相逢花滿簪而今鬢髮漸參參門前種椰應知五庭外栽槐不止三笑我青山爲客慣多君綠蟻拚

誰酬欲猜回首相思處月滿瞿唐快活菴

千山扶轄即涔濱一夜鄉關起夢思天爲故人須破
酒雨因行客欲催詩虎頭老去癡愈絕馬援功成策
更奇正好晋連同嘯傲新晴前路已清爽

登錦屏山東陳六亭

若有屏兮巴子之都錦江之表愚公移兮削成爔煌
剗兮天巧碓硧兮斗折擘掰兮回島瑶草蘺兮不惢
𤼷琪樹蠲兮飛羽葆玉虹流兮沃日蕩雲風渾渾兮
來自木杪隔江機杼兮天女孫天涯一望兮青未了

上有娥眉兮素月流天照江皓下有瞿唐兮十二巫娘爭窈窕毓人文兮皐爹鍼中有子昂挺出兮驪褭詩賦兮摩空文雅兮摛藻如隨和兮光華流潤如琴篪兮搗搸繚繞七辯兮奴隸三紅兮襬裸謇予生平兮好奇長于山水兮探討朢五岳兮趁躔憶昆崙兮杳渺諸山兮踓蹭其景而胡此山兮來之不早嗟人生兮石火嘆瀛海兮過鳥胡不于此兮巢雲築蝸廬兮風嬌與美人兮容與相羊長酬短唱兮和之應少招赤斧兮綏太容呫麟脯兮設鳳腦笏誰人兮壤嶲望

八荒兮秋草

陳六亭惠詩見招席上用韻贈答

一笈蕭疏候夜明千山淅瀝滿江城多君濡翰心先慼笑我邯鄲腳始行料得陳蕃懸夜榻端知安石起蒼生廟廊磊磊經綸事且借鶯花領治平

千佛崖用陳玉壘韻

嵬木山前暫卸驂大雲橋畔大能探他鄉懷古尝生棧古道經今月應潭偶見波濤牽一索卽看霜雪飽千龕摩寰隆替應無限自是行人不肯諳

幻崖剝落路層層野水無心江自澄花發杜鵑啼寶
月夜闌漁火起殘燈山中禾黍秋將杪匣裏雌雄氣
欲騰說與此間頤首客從來有相即非僧

入棧二首

一線巉崖萬尺灘崖當危處護闌竿秦關不為張良
絕曲道糊困李白難客榻已除三伏熱秋砧漸擣萬
家寒吟戚白雪無人和挑起青燈只自看
策馬迂遲沔水邊登山淅瀝復晉連雞頭黑墨雲垂
地鳥道丹梯我上天鑿角自知戚郭李乘流誰欲泛

張騫王人不必窮名姓家住瞿唐十二巔雞頭關名

出棧

一崦人家又一灣傍崖依路水潺潺穿林雲霧長隨馬拂面風霾欲撼山醉裏已遊三岔驛夢中猶記七盤關飛身出入只如此好向瀛洲講大還

弔孫肯堂

公在臺中按蜀時曾贈德三川高士扁

馬蹄迢遞踏秋莎龍尾煙村逌半坡太白山前雲欲散伏波里裏雨初過故人地下無消息知我天涯苦

不多掛劍此情應未了不堪瞑色寫哀歌

登華山用李棠軒韻

捫蘿踏石數山青好睡仙人臥紫冥鄉信欲憑巴子月壯懷可摘大梁星來尋五粒鞋將破為愛三峰戶不扃一笑天涯何處客御風駕電自冷冷

毛女峰

阿房宮闕萬年枝竒怪偏多在望夷二世已難分鹿馬六宮安不傷熊羆時開匳匣思秦闕偶上峰巒見漢儀入世幾番蒼海變誰知松栢是仙芝

蔣家臺阻雨

入晚雨未歇聲聲滴故鄉當窻衾覺薄作客夜偏長脩霤侵簷釜流波下石梁隣家沽酒得先請主人嘗

均州阻雨與主人蔣思東

自笑平生爲勝遊避雨仍居百尺樓殘樹遠隨青嶂迴寒江遶并白雲流家山迢遞八千里客舍蕭疎酒數甌欲把朱絃彈一曲子期未必在均州

紫霄宫

窄路自山腰危樓侵碧霄風雲蒸巨壑日月避高標

五炁應無術三丰不可招惟同吳別駕爛醉到通宵

太和山

宮殿參差翠欲流恍疑貼盪列皇州人間已見黃金屋天上虛傳白玉樓世變江河皆老佛時來山岳也王侯南衡西華諸兄弟爲甚寒涼自慘愁

澗

諸峰峰麓千條澗澗裏幽堂有路通枯木猿聲雲正黑殘床鶴夢日初紅採芝客少還青嶂辟穀人多種白菘顧我先師傳我訣仙經不必看參同

太和程道士

太和程道士淡薄人情笠排崖邊樹床依石下荊扉人談不死勸我學長生送客出林莽嚶嚶一鳥鳴

下太和山

乃磴斜梯漸欲平一灣綠樹一溝銀青羊澗裏雲封滿黑虎橋邊雨洗塵暫學陶潛方止酒翻成張翰偶思蓴坐成不盡登臨意兩袖清風又問律

重刻來瞿唐先生日録　續求溪稿

浩然歌三首

我登天兮天不高一時輕舉漸雲霄上帝賜我玉雞毛授我心印光瑫瑫扶桑枝下設瓊醪滿筵仳傂白鳳膏群仙各佩金錯刀見我齊奏八琅璈黔廲俱列雲漢皐拍掌笑落碧絲絛人間何處此豪曹我登天兮天不高

我涉海兮水不多騎鸞鞭鳳一時過上帝錫我金卷何授我心印光侘侘方壺山下設瑤醍滿筵結音紫

峰駝群仙各佩紅玉珂見我齊唱白雪歌馬銜俱列
喬山坡拍掌笑拈燭龍梭人間何處此惰和我涉海
兮水不多
笑刹笑刹錢鏗之壽何大躄八百年後登鬼籙我有
靈藥白月宿栽在尼山前後麓泗水常時來灌沃心
君令如軍令肅日日不許牛羊牧數年暢茂高千屋
速根取來向空谷去點靈丹丹如玉服之此心如朝
旭安期浮伯赤斧屬輪廻之子不敢服到了而今丹
已熟上天下地隨我欲我欲登天兮清風爲其足我

欲泼海兮明月爲其觳上帝曰念哉我與爾壽齊天地老但不與爾位不與爾祿笑匊笑匊饑鏗之壽何太曡八百年后登鬼籙

書郭青螺督學示諸生四章後

天地萬物與我一理本一貫也性道教特殊其名耳此理瀰漫六虚之中始于愚夫愚婦之所能知能行以至聖人之所不能知行雖廣慱無垠然與我未嘗二也人惟牿以有我之私則二矣二則充拓不去一膜之外便爲胡越天地賢人方且閉隱又何以望其

位天地育萬物惟忠信以日進其德強恕以日求其仁則知能之良不至椓喪滿腔之中皆是惻隱而天地萬物與我一矣一則存之一心莫非親親長長之實理而足以立天下之大本達之萬變莫非民胞物與之實事而足以行天下之大道又何所不至何所不通而所謂位之育之者特舉而措之爾吾黨不聞此教也久矣同儕肯將揭示四章心味而身體之則大學之始所謂格致誠正中庸之終所謂無聲無臭者不在簡冊聖人之所謂一貫者不在孔子而皆在

我矣甚勿自誘聖人爲絕學也

答王汝誠

孔子曰下學而上達知我者其天乎某佩此言亦不敢爲驚世駭俗之事惟于日用下學上追討然所謂下學者亦非空言亦非泛言也惟處已接人自已覺照曰此聲色也此貨利也此客氣也尋討此三者克治之而已恐聖人所謂閑邪者不過如此此執事書來謂性命之微無聲無臭既曰無聲無臭矣又何以下功夫乎又以飲食男女上做工夫已落第二義此則

非某之所知也禪家分三乘最上一乘所言大乘不知大乘所言小乘不知或者說事乃最上一乘之言也謹復

遺珠忘者 陳近夫以近日得忘病書此與之

唐人有病忘者朝之事則暮忘焉夜之事則日忘焉行其庭則忘宮室之美入其室則忘妻妾顏色人或有忤則忘其人之姓名大家巨室則忘其人之崇高富貴而不諂屈見貨財則忘其藏畜忘其遺于子孫處事則忘其軀體如疙如須淡如也以忘之故貧甚

其妻求醫以療夫之病累不愈張說爲相聞而憐之有記事珠玩弄于掌即能記事價萬金遣人遺之忘者曰忘固不可記尤不可吾鄉有能記者伶然而憁欿然而慧甫八歲日能記萬言舉于鄉舉于朝官至獨坐能記昔能記于史獨不能記其親記其君居家則有私財而忘其親居國則曠官職而忘其君曰惟聲色宮室貨利是記余之忘不過忘其日用之常耳君親大者念念未嘗忘也以是而記不如不記之爲愈還其珠於相公來子聞而嘆曰此忘者必隱者也

無意必固我之私蓋聖人之徒也繼而來子又悟之曰惟其能忘所以不忘惟其不忘所以有忘忘之義大矣哉而今而後始知忘物忘我者而后不忘君親也忠臣孝子忘而已矣

病足五首

自笑生平定腳根鋏鞋踏破覔天真應知孔氏傳心印不與高材疾足人

花下臺邊一杖前長安路上久無緣只惟月屈攀援處腳踏天根是跛仙

春日春風歌咏歸舞雩童冠換春衣天涯一望蕭蕭
客誰是蹤踵誰是飛

小時去入下和場覓得仙家駕鶴力來往瀛洲惟駕
鶴不須兩脚去奔忙

回琴點瑟作生涯泗水春風富貴奢好笑唐人健拐

李草衣木食弄青鉈

楊兩洲臨別索墨跡

此身天地大而胡居然小小之却爲何喪我此至寶
此寶無聲臭無處可探討充之塞天地斂之極微眇

何處可覔之元關一句了西方有妖狐千年生羽狍
能作人言語言語過機巧名爲覔寶人長途乘騕褭
我奉上帝命兀然坐山表舉劒斬妖狐妖狐化爲鳥
能飛又有文㣎樴葱窈窕萬鳥俱從之咟嘖聚木杪
我聲鳳一鳴萬鳥裂其腦

答陳近夫

鄙人非不知致良知也但問致良知何以下入門功
夫耳自古聖賢未有不苦心竆汲者宰予晝寢孔子
且責之以朽木糞土未有青天白日止閉目坐而可

爲川功着白日閉目而坐與晝寢何異哉恐執事聽古人嘿坐澄心之言又聽今日致良知之言未嘗自家下手耳譬之燒丹然何以入藥何以封鼎何以加火何以溫養未有縮手旁觀而止聽人說者熟思之

寄周壽齋冉西陵

詎易求溪巳十秋樓臺遲日近丹邱吳江每問周公瑾泗水長思冉伯牛芳草風春生窈窕遠林夕籟帶喧啾故人不負山陰興尋訪寧忘夜泛舟

寄秦獻葵

前年把袂别求溪又見求溪柳絮飛笑我支離爲客久與君傾倒會時稀山中霧豹知當變遯者沙鷗只自肥欲折梅花來寄遠春風二月已菲微

答吳蒙泉

兄書來以某詩似升庵學似白沙誤矣不知某自比李白有說其說亦長也豈但兄疑即親戚鄉里亦有此疑緣某少年妄意發憤聖賢無傳授無門路只得日夜讀書忘食忘寢不意偶一日門路通矣若某與升庵全不同蓋升庵宰相之子又大魁天下偶過涉

滅頂如自天而墜于淵日日是憂文章以憂而得之一者也某則蓬蒿之子平生不以富貴爲事廿金日熱

偶得聞道如自淵而升于天日日是樂文章以樂卅得之者也雖彼此通多讀書然作用不同若兄評將進酒一篇評論差矣某之將進酒與李白意向全不同天淵懸絕蓋道言也指冬瓜說葫蘆若以唐人之

詩求某之詩不知說甚話矣故爲白沙之學者必非

升庵之詩做升庵之詩者必非白沙之學言者心之聲豈有詩自詩而學自學乎一笑

輓隆見山 有序

見山儀標豐偉，資性純雅。庚辰歲余客求溪註易，適見山竪一書堂于樓后，跨樓遠眺，亦奇觀也。乃邀余飲，懇余筆跡。余書一聯于堂云：白屋三間，退一步愈見超度；青山萬疊，登九仞更覺高明。自後常載酒買月亭，見余格物圖諸篇，肯首嘆服，起立曰：恨未早得拜門下也。以深山木石鹿豕之中得斯人，亦可謂知我矣。丁亥春，見山遊岱宗，余卽欲走弔以

病足不能除夕前二日扶節往之見余筆跡猶如故也不覺傷悼仍席上成四韻書之于壁

參差樓閣傍溪沙記得相逢滿樹花天上又廻新斗柄堂前猶掛舊龍蛇殘崖古木啼猿急野水孤雲落日斜欲寫當年知我意不堪拈筆對寒鴉

戊子求溪元日縱筆十首

流水高山半調琴琴中白雪幾傳神翻因註易長爲客懶把鄉書寄與人九仞功夫惟一簣十年心事只

三春乘槎便去騰銀漢不許張騫再問津
誰道求溪萬壑中求溪風味別穹崇竹垂鸚鵡渾身
綠楓帶丹砂滿面紅闗朗當年原是兆丁寬此日又
之東鳳鳴自是驚凡鳥未論梧桐與枳叢
作客青山歲又新臘梅猶帶舊香魂鳥銜春色來花
塢風送晴光到我門共識伏羲文字祖誰知孔及門
人孫幾沓獨立通明殿朶朶紅雲捧至尊
元日題詩倒竹尊開尊細論此生心十年恍若居一
島一刻從來值萬金春曉倉庚啼淑氣秋深鴻鴈起

佳音尋常愬尺俱成樂育學相如賦上林
春日春山翠欲流生平學問不悲秋高門白玉來傳
酒滿席青絲似鬭裘伯樂有情長顧馬庖丁無意目
全牛醉酣便拉洪崖袖横駕蒼虬去十洲
方傾栢葉歡新
歲仍對梅花敘舊年雪裏誰人知玉馬眼中何物是
金蓮神仙自古無名位騎得鸞凰便上天
我有春情滿壯懷春情懷抱對誰開必生芳草傳消
息方遣流鶯說去來紅日幾番輝白玉赤松今亦變

黃梅天涯元旦探春客次第商量莫浪猜
蕭蕭竹院淡于僧懶學人間驥尾蠅花柳春風一杯
酒樓臺夜月十年燈溪中童冠將歌舞匣裏雌雄已
蜚騰耳熱反看眞箇事紅霞高照玉壺冰
　楠毫隨意咏東皇陽春有脚無貧
富芳草多情第短長赤鳳從今隨我駕黃封原不許
人嘗求溪泗水知相接莫在其中得釣璜
千杯得興六窓呼自笑平生一事無偶學屠龍尋水
鏡翻來釣月得珊瑚南枝漸發春將曉北斗新迴夜

來徂輕舉他年歸碧落求溪應　盡出關圖

答譚敬所　二首

敬所與余别二十年似不知余所爲何事也

就來書之意答之

証易求溪十二年蒹葭幾度憶西連風流也近陶彭澤跡懶多應孟浩然春老野花眠竹徑雨餘謝豹掛桑顛可憐許耳無人洗誰聽幽蘭月下絃

來峰萬朶插層霄買月孤亭架半腰崖下往來惟鹿豕溪邊問答止漁樵多君書翰能千里顧我心情只

六橋無限相思相見意危欄獨立亂花飄

答陳七峰郡丞用韻

寶瑟朱絃拂雪莊儀形髣髴見元裳遼東笑我空驚白頡水看誰尚憶黄春到物華詩覺秀交于慷慨味偏長何時共坐松根下嚼月斟霞夜未央

駁谷蝸廬厰石栖枯杪野竹與雲齊春風有脚尋常到謝豹無心咫尺啼塞上幾能知去馬人間誰不愛懸犀年來最喜忘機事山自爭高水自低

答贈郭明府

南衡高齊天西華去天咫我昔曾遊之今已一二載矣
美人坐秋阪邂逅相徙倚傾蓋倏忽聞咳唾亦蘭茝
錫我秋水篇鬱鬱皆至理白雪點紅爐渾然無渣滓
當空鳳一鳴百鳥聲齊止日月如跳丸流易速如矢
昨日在南隆今朝自建始鳳鳴本朝陽復爾暫棲枳
學道則愛人絃歌今滿耳有樹種甘棠有衣補豸史
我客求溪从孤亭架碕礒註易于其間屈指今一紀
磨磚欲成鏡癡劣應至此一別各天涯美人不我鄙
今夕又何夕飛翰來千里開椷如見面令我陶然喜

吾道歌嚶嚶有宫復有徵感此纆綿意無由報木李
聊將尺素書託此溪中鯉

用張南軒贈朱元晦首二句起韻贈謝郭青螺

君侯起南服豪氣葢九州云何名爲豪毅然追前修
斯道日中天典刑在尼邱邇來數千年洄水風颼颼
志士當此時臨河嘆無舟鳳鳥久不至百鳥相喧啾
赫赫聲利塲奔趨速置郵自非有豪氣安得挽狂流
有美發靈籥默契魯與鄒揭示錦城彥文翁非所侔
吾道有主張赤幟飛旗旒棫棫變人文舊習倏然瘳

顧我亦何人藥籠亦兼收駑馬不堪策絕塵望驊騮
註易買月亭于今十二秋登山不到頂登之亦何由
掘井不及泉棄井亦可羞因之遂久淹歲月長驚遒
攬轡校梁山文光入斗牛山深道阻長瞻望空凝眸
君侯起南服豪氣蓋九州

書便面贈送蔡令長

别時容易會時難莫把相逢作易看竹馬今朝西郭
伋蒲鞭何日見劉寬山中偃臥雲穿榻天末懷人月
上竿廬阜此行應不久台星聚處是長安

萬里長空一鶴飛黃鸞紫燕避光儀小孤楚地應相
近大縣才華更見奇未折梅花逢去使欲憑瑤草寄
相思年來註易跡唐律惟記甘棠召伯詩

梅溪 贈周十二

朱明道士愛滄浪剪裁雲縷舞霓裳所佩盈盈煙浦
上一聲龍笛度瀟湘冷香入夢長樗散江妃也學梳
粧懶檀郎自作射姑仙春官一向難勾管買山不必
問西湖處士之骨今應枯獨憐芳草拖裙綠十二蟾
蜍夜夜孤頓有之亭亦草草鸞翔鳥步江山老荊璧

一時飛上天暝煙殘日難追討惟此源泉活潑來橫枝蹺影歷蒼苔一般清意兩奇絕短屐長影只浪猜有時溪梅忘人我爽桃帶李種亦可欲問廣平心上事不在前溪花旖旎莫道高標自獨持芳心只許川流知那堪一結青青子還有調羹止渴時

恐

人之七情惟怒難制制怒之藥恐為妙劑醫之不早厥躬速戾滔天之水生于其微燎原之火起于其細兩石相撞必有一碎兩虎俱鬬必有一斃怒若攻而

耳熱面赤怒則解表冰消霧釋怨若結胸霍亂喘急忍則理中風光月霽怒以動成忍以靜息怒至乎開忍至乎閉方怒之初止醫怒氣忍之至再漸無芥蔕再之至百卽張公藝無所不忍量如天地有容乃大必忍有濟

答譚後山

千金難博老來閒爲老題詩寄後山當日長思杯斝綠而今不覺鬢毛斑杜鵑兩从啼千樹芳草春殘遍一灣歲月跳丸成甚事笑誰作客未曾還

答方玉岡

求溪峰下咏滄浪赤甲山前寄玉岡五載別來猶是夢四明老去更添狂著書作客時將暮懷友吟詩夜未央不識何年能對酒麥枯啼遍滿村秧麥枯鳥名

清風兩袖歌贈蔡令長以繁轉臨川有序

蔡諱思穆道號熙垣湖廣攸縣人

高堂簾幙燕新泥風煖溪橋柳掛綠纔放小桃紅入夢正是清風兩袖時美人少年自高格紅月手提如琥珀走馬獻賦明光宮來宰錦江巴子國九溪三峽

見飛鳬清秋白日照冰壺常聞齋馬嘶芳草不將塵
甑羨萊蕪火齊結緑飛泉漱山陰無事簾垂晝不常
見客似無官繾綣愛民如有舊一日偶聞幬豫章叫
郊赤子眉齊皺我之父毋欲何之皇天原不分肥瘠
檢點行囊一物無惟有清風攜兩袖黄童白叟滿長
途扳轅臥轍如嬰兒未見狄公當日祀已成何武去
時思客路春風鶯出谷鳴鸞文彩當朝旭九子嶂高
插笋尖七澤江深澄鴨緑清風清風興更嘉暫時披
拂河陽花方作蘭臺快哉賦滿城倏爾發天葩有時

清風入豕補六月嚴霜生栢府一雨洗清六合寬攬轡埋輪日未午有時清風到三台黃閣傳呼宰相來帝典王謨賡喜起皋夔禹稷相追陪清風清風我不負爾爾又不負於我哉丈夫出世須皎皎莫着笑誰問溫飽幾番獨立崑崙巔一望天涯何芋草不將紅葉化青龍却把紫珠彈白烏清風清風侑觴清風酒彈此清風縱自古聖賢無貴賤騎得清風便上天子游清風既已去澹臺明月共誰圓清風清風歌聲倩來詩何人奏三殿

三代之正學不明而孝廉之舉又廢淸風兩袖聞其語而未見其人矣令長下車卽以薛公名言置座側以金玉其身視民如傷一介不取余幸見斯人以其足以起頑立懦也故作此歌爲觀風者采焉爲夔路名宦春秋采焉葢卽白樂天之新樂府皮日休之正樂府也

醉時歌酬覃葵南

平生不作皺眉臉逢人毎恨杯中淺斗酒騎鴻便上

天上帝亦知來矣鮮春風春日百花開求溪又遇故
人來故人相逢仍一斗一斗相逢亦快哉白水青山
留我老三都九辨憐君巧許多才子赴明光木難玓
瓅如君少飛身我欲上棲霞洞名丹成共去服黃芽殿
閣樓臺別有境莫學人間作小家此境眼前即欲到
我詩磊磊發靈竅黃芽服後臉純紅與君把袂同長
嘯長嘯一聲海月高月高泗水自滔滔回首尼山何
處是不知世上何者號嶕嶢醉時歌歌罷依然澆斗
酒君不見李白斗酒詩百篇大臣小臣今日又生脩

月手

雪

天王有詔下藤六風雲天上隨追逐俄頃之間世界殊不覺書齋成素玉素玉素玉化爲龍旣騎羣竹叉騎松一龍變化承恩詔千龍萬龍來相從我詩一見隨龍走大呼小叫同龍吼百篇落紙若有神不必揮毫須斗酒揮毫落紙何奇鬭白爭妍光陸離蹁躚驟舞千年鶴窈窕旋生五色芝駕鶴飡芝從此去咫尺雲霄風可御振衣直上泰山巔壇上還餘舊杏樹

杏樹森森亦可憐誰知藤六已成仙天王再詔杲日前藤六依然詔上天

送楊驛宰致仕還楚

終日思歸不得歸得歸此日似雄飛一官白首成何事三徑黃花想漸稀巫峽夢回家已近湘江春到鱖初肥郎君自是雲霄客且莫溪邊問釣磯

賦得歸去好送李學博致仕

君不見鮑老當筵笑郭郎笑他舞袖太琅璫當筵之人一竝笑前後左右皆顛狂及爾鮑老當筵舞依然

鑼鈸長于組當筵之人復笑之齊聲絕倒無賓主人生適欲舞此塲舞罷方收入簍囊亘古亘今皆如此看定不博半幅紙青蓮道士珊瑚柯光芒玓瓅燦纖阿河汾生徒相肩摩山斗壁立高嵯峨爾來掛冠反芰荷山中風味自殊科二月春草綠如羅幾群黃犢遍山坡親朋把酒白玉醅寬杯大爵面常酡方脩五柳先生傳忽聽滄浪孺子歌世間日月疾如梭石火光華倏忽過踏翻宦海盡洪波嘗破春情不在多人生歸去好歸去復如何歸去好歸去好香山今又添

一老

贈譚二酉赴成都

何時別美人今日復山嶠酌酒與美人美人笑絕倒
偶見鵲鴒飛變爲和鳴鳥世味不長甘或時辛如蓼
世路不常平或時坡如阜篙師舵在手風波自是小
惟有達者知陰晴笑郎了水本向東流赴西終然少
片雲倏忽生明月終皎皎郎有照水犀百惟一齊掃
美人紅鸞姿致身霄漢早鄒林有一枝原是君家寶
蛟龍得雲雨肯戀此池沼功名駟馬知勳業麒麟好

麇鹿臥長林，笑我其中老。附尾慚先達，橫經共探討。耿雪到紅爐，變化自然巧。贈爾木難華，侑之金光草。搦管拂吟髭，一笑關河曉。

雨中留贈譚敬所

故人咫尺隔涔濆，背郭溪橋欲漲時。又是一番留客雨，再題八句贈君詩。謝安終爲蒼生起，王烈多應白石知。莫謂朱絃空浪調，世間亦自有鍾期。

贈别徐華陽司馬，臧謝之意見乎其辭（時留駐夔州）

巫峽之水清于油，十二之峰翠欲流。高唐樓觀枕江

洲丁香節竹風颼颼少年宰相正黑頭匡時自筆魚
嘉猷王恩西顧念綢繆推轂西羌正借籌五月船樓
下益州雲旌扔列九花蚪鵜鄰鮮數十里檣佩刀蟬
鷗江光浮馮夷江怪潛控湫蒼生赤子遮行蹢讋三
自笑眠空谷不友縉紳友麋鹿一弄先天宇宙圓菜
根有味過粱肉幾畬親見伏羲來來往春宮三十六
矮屋誰懸高士名（時贈德梁州高士扁）松鶴沙鷗箇箇鷺品題
一字知華袞論價還輕十五城生平之願今朝遂不
願封侯願識荆夜夜懷人紛六鑿飄飄百籟生簫箔

寄詩方染江淹毫乘風欲駕揚州鶴勝引何當斗十千談元夜午燈花落豈知閼伯駕火龍草堂遂禁山人腳別去瞿唐灩澦堆小孤大別亦奇哉聽言促膝知何地滿腔懷抱向誰開莫羨東山松菊媚三台四輔正需才遭逢禹稷當平世翻笑陶潛歸去來

書便面贈別馮令長文郎昆玉還宛陵 二首

七月巴川天復漏媧皇不肯重結構山深路邈客來稀獨木柴門掩清晝有美江南笑馬來翩翩琴鶴令人猜雙劒倘非牛斗客千金定是上燕臺陸家兄弟

参詞藻王氏父子阿戎好金精玉兎桂香浮許國承
家俱皎皎箕裘心學本家傳秋風愈覺壯龍泉霧拂
青山知豹變春歸緑水聽鶯遷丈夫出處無平仄紅
鸞翮處長高格幽蘭且調五根絲槐市好磨三石鏃
角角嘓嘓下瞿唐一聲江笛雁衡陽豐城若遇黔羸
紫走馬便去獻長楊通家自此成知己蜀水揚瀾通
萬里他年隔别寄雙魚玉堂東閣西清裏
王喬丹熟爲仙令驅雞擾雉神明政夜來惟有雙鳧
飛照人多是楊州鏡高門于氏有先知徐卿二子娗

然奇白鹽赤甲三川遠愛日瞻雲各有私正當召伯循行役又是胡威跪問時此行無異遊蓬島十二巫雲猶筆掃霜回七澤鴟奴高波平三峽彭郎小湘君鳴佩駕青霓龍女吹簫掉翠鷁彩筆驚回五色鳥還家夔繞枕中雞二妙翩翩誰不羨十幅滿帆疾于箭有日拈毫燕子磯春深走馬曲江宴賦終奏入明光宮詔成捧下麒麟殿知君健步負年華此事指掌如揮扇笑我雙鬢同秋草聞道當年恨不早惟有先天一粒丹不隨東汜西崑老衡門無事自蕭蕭寰中何

物喚高標一瓢事業惟知樂五柳生涯只重腰題詩遠送路迢迢何時金玉到瀛樵苑陵若有相思夢五色桫欏萬里橋（峨眉山有五色桫欏樹呂洞賓詩云來看桫欏五色花）

席上口占答梅鳳臺

梅福隔別从廿載不得見知在吳市門相思長一線白髮映紅顏寫字猶葱蒨日月如穿梭迅速即謝電舊懽晨之星稀疏三五獻故入偶寄書千里如對面笑我臥山中白雲長一片求溪作客从詩常不到縣今年六十餘著書五十卷閏道長恨遲忽焉歲已晏

寡過愧未能早暮思邅瑗又爲虛名累多爲官長薦何時又重逢得遂山陽願口占答故人趂此秋風便

題得四邑一心篇贈馮錦橋邑侯榮獎有序

秋天萬里秋色明秋山矗矗秋水清廣寒宮闕開水晶桂香馞馞滿庭生鐘山美人馮元淑才華皎皎懸黎玉少年慷慨赴長楊紫電烑然光可掬出宰衝緐慈愛多福星燦爛光明燭冰壺長對金精圓不獨芊言能折獄王家从任爲眞才豫章借冠仍巴蜀翩翩一鶴穿巫岑綠綺脩况作龍吟巴蜀之民反裘从隨

車膏雨即甘霖四郊赤子歌馮父山斗仰瞻在士林
一路當塗珍重从黄鳥時時送好音十年不論曾三
仕四邑惟知此一心此心丹訣從東魯操存長在不
聞睹甘棠也向此心栽豸服只于胸次補君不見河
陽一縣花年來天地亦奢華農祥時照春幡勝千樹
萬樹蒸紅霞又不見中牟雉滿道前者扔雛後者畊
提挈山童不忍捕嚴子餘須戒一笑花可採雉可呼
眼前景致錦氍鋪俗吏多丁花鳥之上用功夫粉飾
太平塗丹朱變民之意秦越疏豈如明公實政惟在

一心裏學道愛人方如此百里豈能展驥鞭鸞鳳端

不棲叢棘明年鳳詔下龍墀還以一心獻天子

右一心者一心愛民也侯歷四邑一心愛民惟

寸心于用功夫故不紛餙花鳥聽斷不論權豪

不論勢厚惟主之以理人以神明服之考察驛

梁未嘗剝民奉上歲減民五百金一字不下鄉

落奸猾潛跡凡蘭則植之凡棘則鋤之人有不

及于理者即責以大義口之所言即其心之所

存不藏睚眦之忿天性類如此侯蓋光明正直

君子也常對某曰功名有數歷官已來惟不愧此一心耳故梁運年旱魃頻以盜息民安大哉心乎利民亦溥矣德愚劣喜人講心茲兩院交旌因賦此贈之

吳十洲道士索墨跡

顏回命短今翻長洙泗春風日日香識得孔門真樂事再短數歲有何妨伯夷受餓而今飽高節清風長不老古來多少醉飽人黑風吹沙埋腐草大江之水日夜流滔滔都去赴瀛洲海童馬銜長自笑千溪萬

壑不回頭人生寄世真行客正如溪壑赴水國一畨波浪一畨人不覺鬢隨波浪白富貴不怕金堆山堆山也要歸真宅王母桃紅如火燒方朔偷兒去幾遭偷桃之時誰得見文人羽客空相高莫讀抱朴子世間有生必有死試問劉安癡不癡天上那得雞犬飛

壽白崖兄七十五

峨峨赤牛城濼濼沙河浦兄弟伯仲間鷗鷺結盟主日月如跳丸四時易蓮蒲朝露托桐葉忽焉箭脫弩吾宗人多壽或者乃風土大兄八十三二兄七十五

猶寫蠅頭字健步不用拄少壯仕東南慨然解簪組
晚年多兒孫衣冠相接武弄孫識軒渠名位當出祖
阿戎灼灼姿喬梓成仰俯白髮厖戊翁常時揮一麈
栗里有古風不苟入城府嘆然無一事抱膝吟梁父
客或偶爾到桑麻愛談吐望杏及瞻蒲餘須陳馬乳
山肴雜菲葸誇甚龍根脯客若半醉時移席黄花塢
嘔噱諠滿堂不飲出童羖何必慕神仙丹經講龍虎
我客求溪外六經成綱罟三十方聞道不羨雞林賈
而今已老大信步登東魯今來祝兄壽兄弟齊歌舞

願兄比南山蒼巢亘今古酒酣筆如杜玓瓅書家譜

四時詞六言四首

溪前溪後雲深山北山南路古顏子之瓢惟一先生之柳有五

花枝故故披離鳥語聲聲人坐深我本是三分笑誰只作一箇

黃開三徑之中白落萬川之裏或萬或三乃數能黃能白是理

仲尼自然愛易茂叔爲甚尋顏五色常驚落筆三餘

不肯開關

秦吉齋醉後索墨跡

晢晢晢我亦不知自家樂十年詮易求溪閣西崑東汜猗如昨咍咍咍草堂今日故人來沙尊特爲故人開眼花傾倒不須猜皎皎皎幾人白日登蓬島百歲光陰過目鳥劉伶已後知音少

遊旱田垻至達境寄黃少岷

素節迎飛霜忽過旱田垻已至達之境一溪隔衆柝眷望山之峰宛若秦之華青雲排指出忽見令人咤

尖者如筍芽方者如臺榭指點仙人非咫尺山之下
如何至此境不得相接逕別去忽幾天都客復不化
仙家迎鑿落香[redacted]空如麝笑我[redacted]女少年不肯嫁
作客求溪外兀然無春夏本是懶慢人似索仙人駕
何必如跳丸一刻不擅借佳景無金丹空把三尸罵
提提竹林中常思嵇叔夜安得慰相思千里同命駕
詩成祈合歡遣意[redacted]

來瞿唐先生日錄

優哉閣稿目錄

思美人歌寄郭青螺公祖

贈別任懷陽學博轉德陽令 四首

倪禹同銓部過求溪寄詩十首用來韻奉答

蟠龍山送汪崑麓明府以內艱還楚

郭汾源明府以賢聲取入棘闈贈別

贈郭明府廻兄文郎至梁

夔庠學博文郭陳李四先生梁山考校適曾孫

象鼎入泮于其歸也送至蟠龍山贈別 四首

贈送郭明府文郎還秦

重刻來瞿唐先生日録

辭官疏

為感激天恩恭抒誠悃自分衰朽不堪職任懇乞聖
明俯容終老山林以安愚分事臣由本縣儒學生員
中嘉靖三十一年壬子科鄉試第五名頻年計偕屢
試屢蹶因父來朝患足病母丁氏繼患目疾臣既鮮
兄弟遂留家侍養未仕及父母去世臣雖有欲仕之
心已非可仕之年矣夫親存不能仕以養吾親親没
而竊升斗以養妻子臣不忍也既不忍負吾親而徒

仕乃負明時而徒隱臣不敢也因思先民有言未得其位無所發施則發明聖人之學使其教益明出處雖異推己及人之心則一也臣佩此言遂將本朝纂修五經性理大全日夜誦讀及讀周易見諸儒皆以象失其傳不言其象止言其理臣愚劣自知遠不及諸儒但思易乃五經之首象既失傳則自孔子十翼之後四聖微言祕旨已絕二千餘年矣若不窮究其象則以訛傳訛何以謂之明經經既不明何以爲士所係世道匪輕臣遂客萬縣求溪深山中反復探索

思之思之夜以繼日如嬰兒之戀慈母數年而悟四
聖之象數年而悟文王序卦孔子雜卦又數年而悟
卦變之非始于隆慶庚午成于萬歷已亥計二十七
年而後成書書既成臣亦自知祖宗以來列聖相承
菁莪棫樸之化皇上繼紹豐芑熙洽之仁有一代之
聖君必有一代之經術天意不借才于異代故臣得
窺易于一斑非臣庸愚自能悟易也譬之鳥鳴于春
蟬鳴于秋乃天地化育使之如是非鳥蟬自能鳴也
不然鳥蟬天地間一蠢蠢者安能應期而鳴于春秋

哉臣自易註成後四肢罷倦萬念灰冷不復問人間
事矣詎意四川督臣王象乾貴州撫臣郭子章會薦
蒙吏部題覆奉聖旨來知德學行既優添注翰林院
待詔欽此臣一聞報不勝惶懼臣章句腐儒樗櫟弱
植未嘗不講學而學愧先賢未嘗不修行而行猶鄉
人至于翰林乃名賢侍從之地待詔尤儒臣極榮之
選臣何人斯敢覬于此且臣之齒今年七十有九青
天蜀道白首龍鍾雖犬馬之戀不敢忘于江湖而麋
鹿之性終難馳于廊廟伏望皇王憫臣之老不能出

戸庭衿臣之病不能登舟輿臣未嘗效一日之勞于
陛下不敢虚冒榮銜容臣仍以舉人終老山林庶臣
于舜日堯天之下得遂鳶飛魚躍之性生爲聖世之
逸民老非明聖之棄物臣之榮逾于三接九遷臣之
感誓于魏草楊環矣

辭祿疏

爲湛恩重疊敬陳謝悃衰年腐朽不堪孑賚懇乞聖
明俯允山林便宜以溥洪澤以光儒術事臣中嘉靖
壬子科鄉試因親有疾侍養未仕不意四川督臣王

象乾貴州撫臣郭子章會薦吏部題覆奉聖旨來知
德學行旣優添註翰林院待詔欽此臣一聞報寢食
不安思臣之學業尙未精檢臣之行無善可録遂以
臣不堪淸秩難出戶庭原疏陳情上疏不意吏部題
覆仍以原授職銜致仕復月給米三石臣得此報愈
益驚駭臣之所以辭職者以臣貧薄之分已定也今
夫聖主之於萬民猶天地之於萬物也天地之氣正
溫厚也宜萬物無一不長養而草有夏枯天地之氣
正嚴凝也宜萬物無一不收藏而梅迎雪秀豈天地

之有心哉物各有分定故耳臣自壬子科中式于今五十二年當少壯正父母遘疾之時及衰朽適聖明恩授之日當煖而枯當寒而秀正類于此臣雖有易詩已叨旨題奏然螢有火熠體本寒微相多聲聞材原枯薄其分已定矣所以將臣不敢受職之衷情剖心於聖明之前者此也今所賜月米出自宸渥一粒之米一粒之珠臣以無功食之且恐折福君以之飽豚生糞息臣不敢也臣聞之禮云長者賜少者賤者不敢辭此平交之禮則然若聖明之賜雷霆之所震

動雨露之所霑濡光于閭里載之史册傳之古今豈泛常哉臣既不敢食又不敢辭臣見宋臣范仲淹置田千畝以給貧族臣草茅之士安敢望如古大臣但臣之良心與仲淹之心一也臣願將月米積成義倉置田數畝令通族窮民或遇歲歉少救一時之貧或因差役　以下缺

報黃慎軒太史

別後復過求溪半載四月盡方旋上疏雖允仍給月米三石此時又欲遣小孫謝辭朝廷之恩並于覆載

但某不敢當也辱承翰教云云相會之期陰晴未定金沙公考棱柱顧須摇而别大抵儒釋之學皆在於苦皆在于悟若不能悟釋氏雖言不二猶不能達此六[redacted]也所謂九衢四照死火寒灰鳥聚龍參張弓駕箭何處下手駐足哉故妙處在於悟悟熟忘言神而明之默而成之即在是矣所以孔門之學每每不得其傳者以不能苦不能悟讀字忘心看心失字安得不東猜西想可一長歎合州周生乃赤水世家醫有通神處茲入[redacted]裁此奉候時趲不盡欲言

報郭青螺中丞

某少日不揣此心之恂愗不度山川之遐僻不顧科目之敠稀忘意聖賢願學孔子者豈孔有秘傳而某闖於海内之異人哉時以蹇蹄屢蹶適父母有疾不得已而從貧賤之路耳從貧賤者非題橋投筆而欲得富貴也欲從貧賤以成人耳隋之時舉秀才文帝開皇六年普天下止舉杜正元一人宰相楊素怒曰周孔更生尚不得爲秀才乃復試之當時秀才之名其重如此而豈知千載流芳乃文中子哉宋王佐爲

榜首而為千載大儒者則五中朱熹也王佐之名斷因朱熹以傳從貧賤之路者此心也當時題路引因詩中有東海宣尼是引師之句故書願學孔子四字以帛繫之於背京中會友祖行笑之歸蜀士林亦笑之獨門下校蜀扁茅堂以明道是衆人疑而門下信之也豈知薦于聖明以學行之優添註翰林哉已知恩深覆栽刻骨難報其萬一但衰朽龍鍾縱翰林美秩亦不能赴也伏冀垂炤臨楮惧惶

報趙行吾方伯

芳聲茲譽翕習空谷久矣某以愚劣之故客萬縣求溪三十餘年求溪與楚相近嶕嶢萬尺樅檜千章猿鳥偪人出入海內大人君子如門下不得投刺展拜者坐此故也前蒙青螺公祖會薦以燭夜之質而引之以高岡之鳴蓋生成之恩也但某不敢當一藏於茲恍然生愧特遣小孫致謝詎意門下不鄙雅誼晉端歸而講講于家庭七箸之間感戴不淺且承翰教云云俾今日斯道如日中天者所教之言也某少日因父母有疾復因下第之苦遂不揣泰山之所以高

東海之所以深妄意古人願學孔子及以此言擔荷于身無門路可入遂逺客求溪孔子說克巳即于巳上求之說格物即于物上求之說三戒即于戒上求之宋儒端坐某不能坐說觀喜怒哀樂未發氣象某不能觀近日之儒又說心本圓明無動無靜無體無用亦無物可格某則如牛之於琴撫之者雖有神女落霞之妙矛鶴郭門之舞師襄退舍伯牙袖手而牛則蠢然莫知也惟此心與孔子之言合者則録録之既久遂成册集欲請教于四方巳衰朽矣門下偶見

可充噱柄安敢當華袞表章黔蜀千里無緣促膝開府三川諒不多時得待春風不問季主矣

報郭夢菊

庚辰之別于今十四年矣言之不覺牽眷眷之思得丁句源所帶書足紉不斷書云易先天後天之說大抵宋儒之易原未分曉蓋伏羲之圖易之對待文王之圖易之流行兩間對待必有氣流行于其間使無氣則乾坤爲死物矣形氣豈可分先後此所以知其未分曉也少年願學孔子無門路日夜讀書乃思宋

儒程子延平都静坐某亦静坐三年後自覺流爲禪學及父母見背相繼廬墓六年不葷不櫛纍纍一瘠夫矣偶悟格物之物乃物欲之物一者無欲也格物則無欲矣孔子吾道一以貫之所以行之者一天下之動貞夫一三一字相同皆祖述堯舜精一之一人之物欲無窮猶江河之就下若曰物者知之體知者物之用不猛然格去是抔土塞孟津可笑

報鄭士衡

仙里隔粲不遠共聆芳名長以不得登道德門爲恨

讀藏山稿如握火齊不忍釋手讀鮮醲集其理明其氣眞如日佞神不如盡人希福不如安命皆名言也某今年七十有八歲已杪流光如電晨星殘月燭地幾何孔子之學同則崇之異則闢之此皆門下青年事也某前在求溪註易海內大人長者勸我程朱傳註一字不可易及見虛齋先生蒙引一字一句皆依本義恰如本義爲經而蒙引爲傳也某見前輩虛齋如此亦袖手不敢下筆外之思索有年如嬰兒之戀慈母夜以繼日一念一刻不忘遂悟四聖之象又悟

文王序卦悟孔子雜卦悟虞翻卦變之非四者既悟則易之在手如庖丁之于牛丹霞之于佛矣所以不揣愚劣僭妄成一家之言者以此因同志故以實歷若語慫言之大抵學者以無欲爲主義理見得明腳跟立得定不論出仕隱居卽伸於萬物之上矣人之知與不知非所計也

又

某一向客求溪今老矣歸來諸事蝟集大雅君子止隔一縣長以不得摳趨几席請教爲歉頃承翰示遠

惠瑤篇浩然之氣皙然之理斐然之辭潘江機海鳳舞龍翔前輩揚馬皆當避席來春大魁天下入館閣覆蜀纈袍送金蓮炬乃其餘榮矣所謫聃竺之教中原已非朝夕之故至于今日聃氏不過奔溪涉澗至于竺氏則至于四海北天墟而東析木皆其跡疐之地矣一二高明之士駕艆艨之舟立赤幟于其上海童馬銜之徒復鳴鍠摑磬吹笙鼓簧歌舞以唱和之奈之何兩岸傖人俗子不瞽其目而聾其耳也某以井蛙斥鷃之見加以守株待兔之愚少日不揣愚劣

願學孔子今犬馬之齒已七十有九晝夜之所講究思維者獨此孔氏而已所諭生前營營身後冀望某則聆絕四之訓思慮久不到此矣

寄王桱史

王氏青箱古今盛稱端臺之家又過之閒于豹谷外矣豈有世德天獨厚乎昨驄馬西來甘雨隨之三川爲之清肅曠世所未見者蓋近日之獨步也但不得坐春風爲恨耳孔子生于山東祖述堯舜者祖述其精一也孔子曰吾道一以貫之曰所以行之者一也

曰天下之動貞夫一者也三一字皆堯舜之一也宋儒乃觧一以理又觧以誠則宋儒原未入一字之門矣孔子因春秋五倫不明祖述堯舜克明峻德以親九族平章百姓之句乃曰在明德在親民在止於至善曰明德即躬行達道也曰親民即親親仁民也曰止至善即止仁止敬止慈止孝也宋儒乃曰虛靈不昧夫虛靈不昧何以明明德于天下也哉又況格物頭腦功夫先差矣孔子十翼乃曰易者象也象也者像也宋儒以象失其傳止言其理則聖學自孔子没

已絶至今日矣某焚引之後雖願學孔子然愚劣無
門路乃遠客萬縣求溪十五年而悟孔子之一孔子
之格物明德十七年而悟易經四聖之象所以著大
學古本格物諸圖入聖功夫字義諸篇易經集註者
卽孟子之予豈好辨哉予不得已也自意以得傳孔
子之心得侍四聖之坐老死山林亦無恨矣未嘗欲
人之知也豈知海內名公有知之者哉昨蒙須以嘉
貺賜以嘉名伯樂一顧駑馬已龍媒矣謹此代面

郭青螺先生諸草序

青螺先生宦游海內三十年所至皆有草督學蜀時德厪管窺十分之一今黔中以全草見示德喟然歎曰先生于道碎則造物者乎東皇造物隨地而胚其物焉因物而鑄其質焉徂徠而松新甫而栢嶧陽而桐殊形異狀爭美競芳物之不齊者物之情而所以物其物者非物也惟文亦然三才皆可以言物人成位乎中威儀文詞之有形者皆物也而所以根據之者則德也孔子曰君子以懿文德曰文莫吾猶人也躬行君子則吾未之有得曰有其容則文以君子之

詞遂其辭則實以君子之德執此三説可以論文矣今之爲文者德慼焉鑿空鍊誕牛鬼蛇神陰陽違乎爻象政事違乎典謨情性違乎風雅榮辱違乎春秋和序違乎禮樂其理覩人之目而不可曉其字咬人之口而不可句六經之文孔子所以載道文不本于六經何必罝之齗閒哉先生之文則不然爲東西南北之人則行東西南北之道行東西南北之道則洩東西南北之文其教其議其約其論其文其序其尺牘其奏疏皆道不離乎其身故文不出乎其位孔子

所謂君子之懿君子之實君子之躬行非先生歟至黜則忠信行于蠻貊聲教孚于鬼方較之陽明先生居夷于風清月朗之際青螺先生居夷于枕戈被甲之時難易雖别而所以行道則一也昔蘇公步遶後人以蘇步名之千載而下黜何緣而得理學名臣二妙步於此地哉德初讀其文數千言宛然有同心之臭焉讀之既久如餐落英嚼之而其味無窮焉總而遍讀之想其三十年來道德文章相爲表裏貫串確乎如筠如心貫四時而不改柯易葉焉分而細讀之

文章枝枝葉葉散布于天下以正人心以維世教枝可棲鳳葉可剪圭指日朝陽德復見其論道燮理之草焉日蠙衣者謙言也喻言也德少日不揣愚劣願學孔子耄矣而媿未能故于同志之交惟以孔子之言序之

壽誥封中丞郭兩峰翁八十序

青螺先生講文成良知之學爲海內儒宗文章功業鳴于一時平播之明年適封公兩翁八十初度之歲搢紳先生獻椿桃頌岡陵者詵詵如也先生歷官三

十餘年聲教所被遐邇不同兩翁乃安戚隱君子名不出月旦之外間有以不知其父視其子歌頌兩翁者梁山來子曰父子一體家國一機而所以流通貫徹于一體一機之間者則仁也故仁之于父子而一國之仁推本于家知此則可論學矣可以論詩矣古之講學立言者曰良冶之子必學爲裘良弓之子必學爲箕察此可以有志于學夫鑠物爲冶裘何與焉弦物爲弓箕何與焉而又何以有志于學蓋金錫剛物而冶能使之柔裘近之故可以學裘角幹美材而

方能使之曲盡近之故可以學盡得其意不泥其象會其神不窒于形引而伸之觸而長之此不學之學乃所以深學之者也故君子察此可以有志于學爾

翁先生賦性倜儻方正不隨動止凝端議論確實邑境緑林充斥令至驚用筆與法緣諸富家一切取辦民間民爭相竄伏先生伯兄亦在籙中伯兄倉卒窘甚計不知所出先生挺然直前以身代匿伯兄於他所自急難以應令命令雖若辱亦不以爲意歲旱流亡籍籍民間斗米直至百錢殷充儲須者坐索直過

當倘不肯發猶意後有再騰之日錢癖之情類多如此先生乃曰家有紅腐而野有委骨仁者不爲也悉發倉廩平其直後作糜以食不能糴者所全活者不知幾千百夫代兄徭役者仁也賑貧起瘵者仁也兩翁則不知也亦猶冶之使柔也弓之使曲也乃兩翁人品之高天資之粹而然也非預知子孫有開府而設也及青螺先生被播州之命繼皮林之征率熊羆整鵝鸛羣將護野諸靈並轂不數月而鯨鯢授首及大兵之後繼以凶年蘿槐麵蓬相流離而塡溝壑爲

人上者可憫也　可懼也先生乃多方以濟之發棠施樂覩民疾苦不啻痌瘝在身而撫摩鞠育眞有慈母之于子者而後黔之民昭蘇兩翁之急難于兄者今急難于億萬人之兄兩翁之救饑于一鄉者今救饑于一省敦行于天柱雲亭之上而展布于白泥烏沙之閒講究于家庭匕筯之時而收功于犢門鋒鏑之日其舉止措置宛然兩翁之家法也父子一體國家一機皆仁之所流通貫徹偉哉昔文王謂武王曰夢帝與我九齡蓋以壽爲齡也哉武王應之不曰齡

而曰國文王曰我百爾九十吾與三焉後文王九十七武王九十三其言皆符夫人之論壽多矣洪荒之民近萬者時爲之也南陽青城之民三四百者地爲之也廣成喬松之千者術爲之也曰時曰地曰術皆有所據之言也未聞豊稼之間父子可以與壽者豈經文之言不足信哉蓋成周以仁立國自厥初生民履帝武敏以來至文武上而朝廷下及閭巷莫非是仁之所流通貫徹蔵之風雅彬彬可考也故曰有關雎麟趾之意而後可以行周官之法度故和風之所

感召淑氣之所浸漬薰蒸之間明明赫赫若或使之而定父子之壽者此也夫薰蒸可以定壽況兩翁仁之所發躬行實踐鄰里鄉黨皆知之不問于父母昆弟者乎則兩翁之壽不止于八十矣始知經文所謂治也襲也方也巽也齡也國也皆仁發用喻言之妙也先生在黔與諸生講艮知曰慧者乃此仁生生不息因憂患而出見者也孔子曰仁者壽蓋萬世之定論也因以此三字頌兩翁先生無疆之壽

萬縣令越玉峰考績序

令亦難矣哉百里內億萬其人皆寄于一人耳目以一人而對億萬人豈皆悃誠而無欺謾者乎則其難也固宜僻邑之令無上下往來斯寂寂靜靜惟路當通衢事更繁劇內憂案牘之[illegible]詵外苦奔忙于賓客則身心日夕不遑矣故令難而衝邑之令尤難也孔子曰如有用我者朞月而已可也三年有成曰三年者虞夏商周之制也暴風驟雨必不終朝潦水大至故涸可立待傳舍其官則秦越其民定以三年者所以防其矯志于始而移節于終者也故抱瑰偉之才

者不必有陡絕之政而貴在歷年之久負經綸之仕者非必有張皇之績而貴有永終之譽故衝邑難而考績尤難也令誠賢矣三年考績矣倘三年在于一邑則優游淪洽輕車熟道易于展布然令之賢者當路皆憐之鄰邑皆慕之非調于東則轉于西堂上之坐席未温吏民之顏面未熟山川之險易未明風俗之淳漓未諳即調轉矣而不知所謂循良者豈朝至其境而暮即可以襲取其令名哉故非卓竒之才遒脫之智止而山嶽動而流雲取之探囊應之迎刃者

決不能也故考績難而東調西轉者尤難也有此四難令其可以易言哉夔乃蜀之門戸至萬則分一線之陸于粱山官蜀者憚蜀水之險則喜而趨之蜀中之邑衡莫衡于萬矣越係黔之世家甫翁先日官蜀中江兄弟叔姪見在宦途黔人語曰無越不開榜云初司鐸江安轉高縣高乃古夜郎之地閣梯連珠非可展驥足之地乃以繁調萬係之理萬也鮮煩急以寬大易苛猛以慈惠廉以持心勤以將慎出先稽程入無滯案接士夫以禮馭吏胥以嚴視民之疾苦不

啻痌瘝在身而撫摩鞠育眞有如慈母之于子者及播州蓬絮之變蒸徒痍傷塗原潤草地非其地民非其民矣設新仁懷諸皆新附恩威一不可徑施者兩臺以侯之淸才侯之夙望議署仁懷篆侯下車築城池建學校脩倉庫丈田土新舊之民皆以靑天頌之創臺于遵義鑄銅標以侯之榮名登于其上可謂垂光虹蜺流聲竹帛矣語曰新沐者必彈其冠新浴者必振其衣從其新也三年三易其邑三新其民三新其事侯以一心而三新之矧高之夷萬之繁仁之變皆

極難新者今事不必其理而自理民不必其懷而自
懷矦皆以難而處之以易報政之後蘭臺栢府一不過
舉而措之耳矦于天下事又何難哉蓋矦精明根于
愷悌果毅出自粹白故其處常如老將用兵折衝料
敵不爽尺寸及爾臨變如羣仙過海銕笛波濤懽笑
自如所謂左之左之無不宜之右之右之無不有之
樂只君子民之父母非矦之謂與不佞以詿易客治
境求溪有年蓋老于治下者今當報政李少府際宇
問言于不佞顧矦之德政揄揚不盡惟以令之四難

俟獨易書之以贈

西銘

寡欲以養此心克已復禮以求此心忠信進德脩辭立誠如臨深淵如履薄氷獨行不愧影獨寢不愧衾懲忿窒欲此心長寡過而未能如何應物則艮其背不獲其身行其庭不見其人庶幾存吾順事沒吾其寧君或遯世不見知又或有喪狗之誚叔孫武叔之毀莫怨天莫尤人

東銘

一者無欲也格去物則無欲矣故格物爲大學頭腦工夫無欲則江漢濯之秋陽暴之磨不磷涅不緇故能配義與道充塞天地繼往開來南子可見獵亦可較不知乎此不過纏邋尺步澄心默坐文學而已故曰吾道一以貫之故曰所以行之者一也故曰天下之動貞夫一者也

花間獨坐

靖節歸來一懶人門栽五柳未全貧百年心上羲皇易萬事籬前快活春黄犢肘穿松下徑白衣偶問石

邊津頭顱也識西施美榜散無緣去效顰

賦得泰山歌贈謝王部院曾薦猥及笑作

兩月陰霏苦不舒一春門巷客來踈柴關偶報有客至云是黔中督府書開緘捧讀讀未了滿林猿鶴相驚擾也知猿鶴新增價其奈王人歲已杪歲杪歲杪將如何酬世無如金卷荷呼來耳熱面生赤拈毫便作泰山歌泰山屹立東海側諸山雌伏皆臣妾争奇鬭秀朝東皇秦松漢栢園宫闕宫闕蓬萊東對西仙人都傍紫芝樓仰看天上三光近俯視人間萬象低

中有一仙王老伯雪飄鶴氅自高格時我登山偶見之遺我蟠桃王母接酒酣約我三千年騎虹齊上崑眉巔豈知浩刼如朝暮攜手相逢在眼前昔時鶴氅成繡補玉帳牙旗列開府雄才秋水落丹鉛處處甘棠頌申甫鎖鑰聲名霄漢懸日下經綸自九天已識尚書司北斗極知天子眷西川揆余偃臥長林久誰料吹噓到皓首桐花安得當瓊瑤自笑自知顏駟醜小時記得古人吟長將兩句佩諸紳幸逢堯舜爲真主且放巢由作外臣泰山歌泰山歌歌罷玉壺□乘

風幾欲朝太清若木可望不可折手提紅月滴娟娟
西方空有美人悅噱絕噱絕羲皇文字求溪邊時時
化作雲母屑

思美人歌寄郭青螺公祖

北風飄飄苦寒奏枯林慣與扶輪鬪忽爾孤鴻欲斷
雲人立梅花月如書悼恅已厭百家編凄清且向北
窗眠一桄青霜壓寒夢須搖夢到美人前美人講道
追東魯珍藏不羨雞林賈手把瓊瑤琢鳳凰眼看金
碧盤龍虎百寶爭贍鹹鹹光完名不獨在文章闕宮

清廟需琴瑟大廈明堂待棟梁憶昔文星臨巴國化育菁莪止頭刻錦江桃李萬樹花百籍生風日五色此時我亦坐春風無奈年光易轉蓬美人位望南經北遯者山深秋更冬節鉞登臺今貴筑隨車膏雨仍分蜀當年竹馬舊兒童懽笑細侯新又復蠻烟銅鼓月蒼蒼雕弓寶劍夜生霜材官猛將知多少輕裘緩帶只尋常播州醜獍成巢穴官軍一呼山即裂虎旅長衝魑魅關天弧自落旄頭血蓬絮不復照璜池家家弓弩化鉏犁今朝細柳風雲陣明日成周日月旅

笑我求溪三十載長杯占斷無錢買朝見文王暮見羲白髮青燈長不改已知萬念盡成灰獨有懷人一竅開欲樹緑桐情未了無緑相遇一枝梅百年鹿豕金蘭友流水高山知者酒一夜詩成寄所思楊衡自笑敲鴞九

贈別任懷陽學博轉德陽令

少年意氣重見吾纔見談經即剖符去路晴煙鶯出谷向陽文采鳳棲梧囊開松月多詩賦簾捲山陰見畫圖別後相思知蜀夢芙蓉夢到即成都

離亭官柳覆深杯疋馬相行亦壯哉萬里一琴隨鶴去九霄雙舄見鳧來閭閻長喜循良政廊廟惟須卓異才想到河陽春正煖山城處處百花開

凍雲欲雪雁差池握手天涯日莫時別意陽關惟一醉親民寰海獨三知鳴琴曉閣心偏靜問俗春郊馬自遲欲向甘棠尋召伯還隨泉脉訪姜詩

箕裘家世有淵源理學名臣覺在先笑我詩歌慙白雪知君名節為青氈三川鞞鼓聲方急百里瘡痍病可憐但使武城皆學道誰人不羨子游賢

倪禹同銓部過求溪寄詩十首用來韻奉答

求溪三十載吾道自然孤爲懶尋邱壑因愚竟腐儒

漁樵俱老友霜雪滴乎珠本欲鈎深遠翻成淺丈夫

其二

遠客求溪去求溪近獠邊霧深惟有豹水淺更無鯿

身向青山老心應白石穿因之見四聖今古共盤旋

其三

蝸室開松徑猶餘半畝蔬虛名慚海宇晚節尚陶漁

天上黃扉夢人間白屋書主恩同覆載高厚報何如

其四

石嵐園野竹快活自成庵廊廟皆先覺尋常白遠潛
天原司富貴地本缺東南切莫將圖讖般勤去問譚

其五

釜山原踔絕才賦擅梁園年少先登第謙卑後益尊
楼臺知缺地桃李已盈門歷代名臣奏于今有贅言

其六

銓管司邦治求賢賦卷阿援苐常得彙啟事不妨多
功業青萍劒文章白雪歌長公諸疏草軒輊許誰過

其七

雲母花浮燭璃筵　酒滴珠門迎金紫客壽獻海中圖
衡鏡爲仙吏斑斕　舞聖儒重臺知指日獨坐更殊途

其八

洙泗微言絶羣儒各大家北來南路去千里一毫差
霜染鵝黃菊風搖鴨緑芭當窗誇美色終是隔窗紗

其九

空谷稀人到君來亦偶然欲同金馬客且笑野狐禪
棨戟知臨地逢迎似聽天相思不相見撥悶對殘編

其十

馮唐知已老李賀幸忘年伐木今朝咏通家昔日傳孟韓推引重松栢歲寒鮮何日渝江上同舟共作仙

蟠龍山送汪崑麓明府以內艱還楚

蟠龍岦岦冠江表絕壁重巖飛縹緲九曲黃河天上來千溪萬壑多環繞白兎亭前五馬嘶官橋楊柳風凄凄扶攜老幼空城出無力扳君馬首西君侯才名重山斗楊衡含笑敲鷄九相將琴鶴下夔州巧匠旁觀俱縮手豈知白骨千山腥六師夜洗巴渝兵黔巖

忍見王蓬絮臨衡白日相横行自古多勞乃賢者交
臣武將無真假轅門一日下徵書屬城今亦鳴斑馬
及爾廟算初辭軒歸來萬石卽騰騫誰料莒萮金玉
萎不堪相對哭爭猿蹴蹋安忍照天燭半年遺愛千
秋沃郭伋會來未失期何武今去何時復求溪留我
客多年長林獨少買山錢西南正學斆增愧猿鶴惟
誇共懶眠鞋輊還鄉歲已抄來時歡喜去時惱君侯
一别卽天涯流水高山知已少雲淡斜陽點自悲何
言後夜長相思西坐蟠龍東望峴千里雙懸墮淚碑

郭汾源明府以賢聲取入棘院贈别

美人西去長新蒲一曲驪歌酒滴珠夢裏青城連白帝尊前馴雉共飛鳧官橋細柳催禾黍客舍蒼烟補畫圖莫向君平重問卜賢聲从已遍成都

贈郭明府迺兄文郎至梁

一挑風月自悠悠蜀水秦山亦勝遊彩服斑斕當曉日池塘夢寐正新秋官清閣靜齊嘶馬邑小絃歌懶問牛鳴鳳朝陽應一不外五雲天北是神州

夔庠學博文郭陳李四先生梁山考校適會孫

象鼎入泮于其歸也送至蟠龍贈別四首

蟠龍叢桂鬱岧嶤一線澄江下碧寥地向山腰通桂海天從石竇掛銀橋羨君鴛侶長虛左笑我鷗盟若見招浪說廣文官獨冷蘇湖到處有丹霄

慷慨相逢劍可知春深榆柳倒鴟夷一時賢者俱傾蓋三峽誰人更索詩絳帳共看今日樂河汾方見古來師舞雩歸去如相憶縹緲瞿唐即夢思

紅亭綠樹紫雲堆岸草汀花別酒杯却惜卯樊稀會面可憐廊廟幾掄才風高赤甲師資重月映蓮花宦

況開懷抱濟時知有策五雲深處是三台

細石高松傍碧岑青燈白髮共蕭森虛名已滿江湖耳晚節猶堅鹿豕心帳下憐君餘苜蓿天邊有客送薇音別來莫話宮墻夢遲爾朝陽彩鳳吟

贈送郭明府文郎還秦

宦底斑衣酒正酡一杯誰勸更關河望中秦蜀青天遠匣裏雌雄紫氣多素月別來蝴蝶夢暮春歸去舞雩歌秋高獻賦長楊殿莫惜音書到薜蘿

寄茶酬李學博口占茶歌 三絕

愛他生意發萌芽剖破洪濛得見些郤笑誰人無箇事松間石上味偏嘉

佛不佛兮仙不仙人間去問野狐禪笑看天上小團月何處人間第二泉

不羨盧仝能幾椀非関桑苧與傳神别來時日知多少一見佳人憶故人

贈别郭明府迺翁

攜手天涯别不輕莫辭作客滯梁城且留魚復秋山與共聽甘棠夜雨聲歸路已知三峹熟晴雲若憶七

嶺行若尋洞裏幽樓處白兎黃紳已鳳鳴

贈郭明府迺姪

金風滿路逐鶯聲栁半橋東送客行宦囊來時千岫秀山中歸去一身輕文章滿岳間多賦閒寂龐公懶入城馬首蟠龍分袂處殘煙踈雨不勝情

一日四樂 四首有序

玩圖

篋中原有先天易壁上新添太極圖日與庖羲相揖讓人問那得此凡夫

右二十年前畫一圖每日坐蒲團觀玩如有合易處卽起而歌詠此一樂也昔陶靖節自謂羲皇上人故某不肯作凡夫

登釜山

白雲穿破翠微堆雲裏蒼松手自栽大笑一聲天地外人問何地少蓬萊

右每玩易倦時卽登其上見白衣蒼狗不覺一唱三嘆若易理有悟卽手舞足蹈大笑不已故以釜山比蓬萊此一樂也

與兄飲

萬事無心一老翁兄爲明月弟清風竹根醉倒雙雙起風起西方月起東

右每日設酒請兄如無肉或菜或腐飲間不辭不讓以醉爲節雖未嘗學無懷氏之民而自成其民也兄弟皆早恬退不愛不求故以清風明月比之此一樂也

醉臥

竹牀頂上覆欔蓑一枕虛無夢不多睡覺不知天早

晚數聲牛笛下前坡

右兄弟醉後各扶于牀不知天壤之間有何事可喜有何事可憂平生飲酒倏而醉倏而醒未嘗病酒此一樂也

聞郭夢菊公轉楚方伯奉寄

昔年同任南山麓高閣停林看修竹夜深惠可講慈雲絕壁泉聲響空谷別來歲月如浮漚不覺飄飄十四秋百年道義憐知已紫氣空瞻棫斗牛新恩漢闕還東魯樓船又向湘之浦懷人復起白鹽思得句時

看黃鶴舞洞庭衡岳舊清聲兒童竹馬素逢迎不獨山川添喜色其中魚鳥亦知名笑我平生不自量欲到崑崙絕頂上註易求溪十七年日與庖羲相揖讓十翼闡心已靡詩譬之寒竽久不吹久不吹竽聲轉澀空將嘉貺欲銘絲何時霜鉞清西塞金符玉節驚江怪一入巫陽生有祠材官幕客權遺愛栗里鷗盟久索居明春亦欲返蝸廬莫道天涯音信少瞿唐多半武昌魚

賀劉太和明府壽 二首

槐花滿院熟金醅樓閣新成壽域開百里懽呼歌萬福五雲縹渺繞三台攜琴跨鶴長生事擾雉驅雞濟世才我亦懸知惟此祝明年賀客在蘭臺

慷慨相逢愛濯纓懸弧此際適朱明峰高華岳堅仙骨月白蟠龍洗宦情四野兒童稱樂只三川草木總知名闕陵祝後絃聲發郫把新城作武城（時劉新改縣）

寄焦學博原梁山學後轉蜀府

蟠龍一別隔丹霄幾度王門欲訪焦路邈衡陽原少雁山深叢桂已鳴蜩百年註易瞿唐峽千里懷人駟

馬橋相憶梁園長授簡好將詞賦寄漁樵

贈別劉太和明府轉襄陽

舊年來溪去君夫入夔門今年來溪去君又轉襄樊宦轍苦如此今人不忍言歲月何相謁恍然剛一瞥坐席未成温酒杯未成熱恰如社燕與秋鴻倏忽相逢又相別君本吏中仙鵬圖霄漢大名懸持此清廟瑟來試武城絃絃絃音如君清絃長如君直一清一直間政事成悃愊如此悃愊天下無漢室循良空則勞桃花開時我見君河陽一縣皆荷薰八月秋高又相

見彭澤菊開　更葱蒨鳳至亭前設土除千竿翠竹相扶疏況有孔融名百斛談元講性夜將徂酒闌之後見二子雛鳳修翎眞可喜郗林桂發自然殊仁人有後類如此襄陽此去亦壯遊輕裘緩帶殊風流漢水一舟如飄梗蒲帆猶帶關南影不惟從此上三雲來往家山猶便省少年我亦鹿門來蹇驟芒屩蒲萄醅而今回首翻惚恫蘧蘧都入莊生夢何時駕小舟乘輕颸飄飄又到習家池與君登峴山詩千首酒千卮酩酊無所知不讓山公倒接䍦千年之後羊叔子劉

伯大定有連璧榮名掛于峴我亦因君得美名名未必有來矣鮮

賦得巫峽篇送王代巡出蜀

君不見巫峽之水鳥道來鼓濤飛沫何壯哉一去瀟湘不肯迴廣瀉襄陵接上臺巫峽十二排元笋波心影落搖雲鬟如此峯巒削不戒燉煌巧匠非關蠢鐵豸班行第一流隨車甘雨風颼颼瞿唐月照烏臺曉劒閣霜飛白簡秋四月樓船出巫峽三尺雌雄鳴玉匣當年桓典總無名棫棫青箱輝赤甲黃河泱瀼日

曈曨驛路旌旂總避驄正是君王西顧日封章何以答重瞳笑我平生如虛艇茅堂依谷生涯冷詎易求溪十七年世故人情愈已迴煙霞四面繞書帷一曲高歌只紫芝紫芝之歌罷無些事惟有親身見伏羲何緣世上人知我昔日青山計已左燕市盡稱千里駒豈識駑駘原蹇跛千載悠悠聖學孤潛心理學愧井夫也知一字榮華衮但恐千金負畫圖豐草無緣報木李欲寫蒹葭惟有紙天北天南盼望間酒水尼山幾千里

瞿塘日錄　愛我明詞　三十

送馮錦橋還宛陵 三首有序

八月扁舟下宛陵海門秋色自浮沉十年汗漫還初服一徑蕭疏見故林止惜丹心空許國從來白雪少知音滄浪流水仍依舊清濁惟聽孺子吟

宦海無人識渺茫空將事業寄湘鄉才華此日庵丁及薇芾他年召伯棠天上浮雲衣復狗世間岐路短兼長不如穩坐三三徑大爵寬杯夜未央

大小聲華欲奮飛肯將心事到漁磯黃花偏盃山人壽綠酒能添遯者肥歸夫陶潛心已遠老來伯玉覺

無非相思兩地留連處蜀水揚波各夕暉
君馮在梁山片言折獄盜息民安乃以謗去
惜哉然世間無公道有公論公論之情見乎
其辭他年夔路之史此詩存焉

大學古本序

大學之道脩身盡之矣脩身之要格物盡之矣明德者何也昭明於天下之德也卽五達道也自其共由於人謂之道自其實得於已謂之德自其通於天下曰達自其昭於天下曰明非有二物也一而已矣觀下文釋齊治平皆以五倫言之是也不言道而言德者有諸已而後求諸人也此正五帝三王以德服人之王道也非伯者之以力也若以人之所得於天而虛靈不昧爲明德則尚未見諸施爲以何事明明德

大學古本序　一

於天下也哉親者九族也民者萬民也卽親親而仁民也自近以及遠而家而國而天下也非當作新也、亦非親其民也止至善者止於仁敬孝慈信也自數字之義不明聖人脩已以安百姓之道荒矣道喪千載噫可哀也又何望其知格物也五帝三王之學皆所以明倫孔子十五而知志帝王之學七十子從孔子問孔子之志孔子曰老者安之少者懷之朋友信之此何志也卽大學老老長長恤孤平天下之志也及哀公問政乃大人不知大學者故孔子告之曰天下之達道五所以行之者三知斯三者則知所以脩身治人治天下國家則明德卽達道不待辨而自明矣孟軻氏得孔子之眞傳者故曰聖人人倫之至也堯舜之道孝弟而已矣親親仁也敬長義也無他達之天下也人人親其親長其長而天下平及齊宣梁惠滕文公問政皆以設爲庠序人倫明於上告之此皆載之簡冊自兒童時卽讀之但天下學者日汲汲於科目如水之赴海間有一二高明之士又馳情於釋氏之空寂不以身心體認之以至此義不明爾格

物者脩身之有頭腦功夫也卽告顏子之克已也卽孟子之寡欲也誠意者心之要緊處也格物則知之至矣脩身則行之盡矣知至行盡天下國家舉而措之而已春秋之時五伯迭興君不君臣不臣父不父子不子不知明明德於天下也久矣間有欲平天下者如管晏之徒又不知本之五倫反之躬行孔子作春秋奪南面之權而不諱敦典庸禮命德討罪非所以明倫也孔子沒其徒恐此道久而失其傳又筆之於書引五帝三王之詩書以爲証豈知千載之

後字義猶不明也哉噫可哀也秦漢唐已來聖人之道渾如長夜至宋河南程氏取而表章之朱子乃爲之註可謂有功於聖門矣但以明德爲虛靈不昧以格物爲窮至事物之理不免失之支離至我明陽明王氏崛起浙中以此書原未錯簡朱程格物不免求之於外可謂有功於朱程矣但仍以明德爲虛靈不昧而教人先於悟良知則又不免失之茫昧支離茫昧雖分內外然於作聖功夫入手之差者則均也德以未仕山林中潛心反復二十餘年一旦恍然有悟

懼天下之學者日流而爲禪也乃書數條於大學古本之後極知愚劣不足爲程朱王三公之直友但學者能以身心體認之則於國家一道德以同俗之教化未必無小補云萬歷乙酉十月望日後學梁山來知德書

大學之道在明明德在親民在
止於至善知止而后有定定而
后能靜靜而后能安安而后能
慮慮而后能得物有本末事有
終始知所先後則近道矣古之
欲明明德於天下者先治其國
欲治其國者先齊其家欲齊其
家者先脩其身欲脩其身者先
正其心欲正其心者先誠其意

欲誠其意者先致其知致知在

格物物格而后知至知至而后

意誠意誠而后心正心正而后

身脩身脩而后家齊家齊而后

（厚是親薄）國治國治而后天下平自天子

（是民言不能老老長）以至於庶人壹是皆以脩身爲（自天子至末乃應物）

（長而欲天下興孝興）本其本亂而末治者否矣其所（有本末一條）

（弟者無是理也君以）厚者薄而所薄者厚未之有也

（虛靈不昧來說所厚）此謂知本此謂知之至也（爲學之功）

者薄說不知至行盡而已格物固知之至
遠矣矣使不能體之於身猶不可以
言知之至也今至於脩身則
行之盡矣豈非知之至也哉
此正是結
上文
○所謂誠其意者毋自欺也如
既提所謂
當加一圈
惡惡臭如好好色此之謂自謙
故君子必愼其獨也小人閒居
爲不善無所不至見君子而後
厭然揜其不善而著其善人之
視己如見其肺肝然則何益矣
此謂誠於中形於外故君子必

慎其獨也曾子曰十目所視十手所指其嚴乎富潤屋德潤身

自詩以下直至此謂知本反復只論格物之功能格物即能脩身能脩身則能化民左來右去是此意

心廣體胖故君子必誠其意詩云瞻彼淇澳菉竹猗猗有斐君子如切如磋如琢如磨瑟兮僩兮赫兮喧兮有斐君子終不可諠兮如切如磋者道學也如琢如磨者自脩也瑟兮僩兮者恂

格物

道學自脩者知行並進之功也恂慄威儀者表裏交脩之功也非德容表

誠意功夫只在格物

慄也赫兮喧兮者威儀也有斐

所以只講格物不言致知以致知不可用功也誠意之功不外格物既格物則明德親民止至善皆在其中矣故復以明德親民止至善繫于誠意之下

君子終不可諠兮者道盛德至裏之盛也善民之不能忘也詩云於戲前此忘字從上忘字來王不忘君子賢其賢而親其親小人樂其樂而利其利此以沒世不忘也康誥曰克明德太甲克字顧字皆格字也曰顧諟天之明命帝典曰克明格物峻德湯之盤銘曰苟日新日日新字皆格字也新又日新康誥曰作新民詩云新字從上新字來所以不可以親作新周雖舊邦其命維新是故君子

無所不用其極詩云邦畿千里

維民所止詩云緡蠻黃鳥止于

丘隅子曰於止知其所止可以

人而不如鳥乎詩云穆穆文王

於緝熙敬止爲人君止於仁爲

人臣止於敬爲人子止於孝爲

人父止於慈與國人交止於信子曰聽訟吾猶人也必也使無訟乎無情者不得盡其辭大畏

脩身化民至於無訟

則老安少懷天下太

平矣此正民德新民民志此謂知本脩身已前雖有知本又應格致誠正四件前并至善也然屬之身心皆求諸已之事也故結以此故獨以誠意起之脩身以後則有國家天下故各開其類

○所謂脩身在正其心者身有所忿懥則不得其正有所恐懼則不得其正有所好樂則不得其正有所憂患則不得其正心視不見者卽仰面貪看烏同頭錯認人也不在焉視而不見聽而不聞食而不知其味此謂脩身在正其

心

○所謂齊其家在脩其身者人之其所親愛而辟焉之其所賤惡而辟焉之其所畏敬而辟焉之其所哀矜而辟焉之其所敖惰而辟焉故好而知其惡惡而知其美者天下鮮矣故諺有之莫知子之惡之所親曰人莫知其子之惡莫知其苗而辟也莫知苗之碩之碩此謂身不脩不可以齊其之所愛而辟也

家

○所謂治國必先齊其家者其家不可教而能教人者無之故君子不出家而成教於國孝者明德所以事君也弟者所以事長也慈者所以使衆也康誥曰如保赤子心誠求之雖不中不遠矣未有學養子而後嫁者也一家仁一國興仁一家讓一國興讓

一人貪戾一國作亂其機如此

此謂一言僨事一人定國堯舜

帥天下以仁而民從之桀紂帥

天下以暴而民從之其所令反

其所好而民不從是故君子有必有諸已

諸已而后求諸人無諸已而後而后可以

非諸人所藏乎身不恕而能喻求諸人若

諸人者未之有也故治國在齊以虛靈不

其家詩云桃之夭夭其葉蓁蓁昧學者當

因其所發

而遂明之

何以求諸

人哉

之子于歸宜其家人宜其家人 明德
而后可以教國人詩云宜兄宜 明德
弟宜兄宜弟而后可以教國人
詩云其儀不忒正是四國其爲
父子兄弟足法而后民法之也
此謂治國在齊其家
○所謂平天下在治其國者上
老老而民興孝上長長而民興 明德
弟上恤孤而民不倍是以君子 有物欲在心决不能

有絜矩之道也所惡於上毋以使下所惡於下毋以事上所惡於前毋以先後所惡於後毋以從前所惡於右毋以交於左所惡於左毋以交於右此之謂絜矩之道詩云樂只君子民之父母民之所好好之民之所惡惡之此之謂民之父母詩云節彼南山維石巖巖赫赫師尹民具

行絜矩故先于格物

爾瞻有國者不可以不慎辟則
爲天下僇矣詩云殷之未喪師
克配上帝儀監于殷峻命不易
道得衆則得國失衆則失國是
故君子先慎乎德有德此有人又言明德
有人此有土有土此有財有財
此有用德者本也財者末也外
本内末爭民施奪是故財聚則
民散財散則民聚是故言悖而

出者亦悖而入貨悖而入者亦悖而出康誥曰惟命不于常道善則得之不善則失之矣楚書曰楚國無以爲寶惟善以爲寶舅犯曰亡人無以爲寶仁親以爲寶秦誓曰若有一个臣斷斷兮無他技其心休休焉其如有容焉人之有技若已有之人之彥聖其心好之不啻若自其口

出寔能容之以能保我子孫黎
民尚亦有利哉人之有技媢疾
以惡之人之彥聖而違之俾不
通寔不能容以不能保我子孫
黎民亦曰殆哉惟仁人放流之
迸諸四夷不與同中國此謂唯
仁人爲能愛人能惡人見賢而
不能舉舉而不能先命也見不
善而不能退退而不能遠過也

好人之所惡惡人之所好是謂拂人之性菑必逮夫身是故君子有大道必忠信以得之驕泰以失之生財有大道生之者衆食之者寡爲之者疾用之者舒用賢理財皆本於格物則財恒足矣仁者以財發身不仁者以身發財未有上好仁而下不好義者也未有好義其事不終者也未有府庫財非其財

者也孟獻子曰畜馬乘不察於
雞豚伐冰之家不蓄牛羊百乘
之家不蓄聚斂之臣與其有聚
斂之臣寧有盜臣此謂國不以
利爲利以義爲利也長國家而
務財用者必自小人矣彼爲善
之小人之使爲國家菑害並至
雖有善者亦無如之何矣此謂
國不以利爲利以義爲利也臨尾

格物

又以義利言左來右去只要人爲善去惡格物之功至此端的矣

德

〇德者得也以五倫體之於身躬行心得也即下文言敬止仁敬孝慈信之德也言齊家孝弟慈之德也言治國宜家人宜兄弟父子兄弟足法之德也言平天下上老老長長恤孤之德也德者得也一句見樂記

明德

〇此五倫在天地間昭如日月以置立言置之而塞乎天地以縱橫言溥之而橫乎四海以悠久言施之後世而無朝夕人人不可離家家不可背乃明白顯

然之事非索隱也非行怪也故謂之明

〇此明字對暗字而言若釋氏講空虛講陰間地府講前生後世講六道輪迴則皆幽暗之事人目所不見不得謂之明矣

明明德

〇上明字即人倫明於上之明書曰克明峻德以親九族九族既睦平章百姓百姓昭明協和萬邦孔門下此明字益本於堯典克明之明也又司徒明七教以興民德齊八政以防淫一道德以同俗明者即此

明七教之明字也七教者父子兄弟夫婦君臣長幼
朋友賓客也民德者卽此明德之德也
〇若依註中德者人之所得於天而虛靈不昧以具
衆理而應萬事者也學者當因其所發而遂明之如
此解全在心上去了未見之施爲何以能明明德於
天下哉何以能先治其國哉民可使由之不可使知
之若以我之所得於天虛靈不昧爲德是欲使民知
之矣天下豈有許多聰明百姓也哉況下文明說宜
其家人而后可以教國人宜兄弟而后可以教國人

大學古本

又何以爲虛靈不昧

○明明德卽脩身也卽有諸已也古人有言曰紫衣賤服尚化齊風長纓鄒好且化鄒俗爲人上者况以五倫躬行實踐而天下有不化也哉若所令反其所好民卽不從矣

○以古人脩身明明德言之如思齊齋太任文王之母思媚周姜京室之婦惠于宗公神罔時怨神罔時恫刑于寡妻至于兄弟以御于家邦雝雝在宮肅肅在廟不顯亦臨無射亦保肆戎疾不殄烈假不瑕不

聞亦式不諫亦入此脩身齊家也又文王之爲世子朝于王季日三雞初鳴而衣服至于寢門外問內豎之御者曰今日安否何如內豎曰安文王乃喜及日中又至亦如之及莫又至亦如之其有不安節則內豎以告文王文王色憂行不能正履王季復膳然後亦復初食上必在視寒煖之節食下問所膳命膳宰曰末有原應曰諾然後退武王帥而行之不敢有加焉文王有疾武王不說脫冠帶而養文王一飯亦一飯文王再飯亦再飯此脩身齊家也如此脩身齊家

豈不化行南國

○學者只將周南召南熟看就看出明德親民脩身齊家治國平天下氣象出來了故曰人而不爲周南召南其猶正牆面而立也

○以古人明明德於天下載之於經者言之如曰百姓不親五品不遜敬敷五教在寬故有虞氏養國老於上庠養庶老於下庠夏后氏養國老於東序養庶老於西序殷人養國老於右學養庶老於左學周人養國老於東膠養庶老於虞庠春食孤子秋食耆老

此皆孔子已前五帝三王所以老老長長恤孤明明
德於天下之事也及孟子告滕文公乃曰設爲庠序
學校以教之庠者養也校者教也序者射也夏曰校
殷曰序周曰庠學則三代共之皆所以明人倫也夫
孔子祖述憲章堯舜文武者也堯舜文武之學皆所
以明倫豈有孔子之教不本於明倫者乎孟子得孔
子之眞傳者孟子言設學皆所以明倫後之儒者乃
以明德解爲虛靈不昧是卽釋氏虛空圓明之教矣
豈孔氏之教乎

○又曰聖人能以天下爲一家中國爲一人者非意之也必知其情辟於其義達於其患然後能爲之何謂人義父慈子孝兄良弟恭夫義婦聽長惠幼順君仁臣忠十者謂之人義此人義乃五倫也大人以萬物爲一體正欲天下一家中國一人者又豈止教之以心而不教之五倫哉則明德乃五倫之德彰彰矣

○凡前所引數條非某之自立門戶而言也亦非賢人之言也皆聖人之經也但因三代以後設科目人人止竊聖人之言以取功名未曾爲心體認又因老

佛出來作混資質略高者俱畱心佛老所以將聖人
之言逼忽略了所以某以爲道喪千載可哀者此也
〇克明峻德以親九族蔡仲默註以爲卽上文之德
錯矣蓋欽明文思安安允恭克讓乃史臣贊堯之德
也模寫聖人生知安行氣象就譬如孔子門人模寫
孔子子之燕居申申如也夭夭如也子溫而厲威而
不猛恭而安子絕四毋意毋必毋固毋我是此等話
不成堯自家又將欽明文思克明此德去親九族說
不通矣克明峻德卽是敬敷五教養國老於上庠等

事

○就虛靈上說一本大學通說空疎了更無下手處

就五倫上說一本大學徹頭徹尾

○觀康誥說克明德下文卽說矧惟不孝不友子弗祗服厥父事大傷厥考心于父不能字厥子乃疾厥子于弟弗念天顯乃弗克恭厥兄兄亦不念鞠子哀大不友于弟以孝友言之則德字亦可知矣

○大抵學者認德字不眞只爲不曉得道德兩個字

雖不得道便是本然的德便是以道體之於身凝聚

蘊蓄的故曰苟不至德至道不凝焉今日所志之道即他日所據之德也今日所據之德即前日所志之道也外道以言德則德其所德非吾儒之所謂德矣把中庸脩道之謂教看則大學教人之德不外於道又可知矣

○如朱子章句序而其所以爲教則又皆本之人君躬行心得之餘不待求之民生日用彝倫之外是以當世之人無不有以知其性分之所固有職分之所當爲如依序文如此解明德則一本大學通暢矣不

知如何又解在心上去了

親民

親者九族也民者萬民也親民二字即親親而仁民也即以親九族昭明百姓也即關雎麟趾化行南國也此二字又全又活親字管齊家一項民字管治平一項乃文章減字法也宋儒程子改親字作新字近日王陽明解作親其民把如保赤子此之謂民之父母通爲親其民殊不知把明德解爲虛靈不昧又把親民解爲親其民新其民則脩身齊家工夫全空疎

了不能脩其身不能親親以齊其家乃先去新親其民是所厚者薄而所薄者厚也與下文明明德於天下一條全不相同了此萬世不易之定論也

○明明德親民止至善此八個字冠之篇首聖門下得約而達一本大學遍該管了上明字藏得有格物脩身工夫在裏頭即下文曰新又新切磋琢磨等是也下明德二字即孝弟慈等是也親字即父子兄弟家人是也民字即興孝興弟興仁興讓之民也止至善即止於仁敬孝慈信也八個字何等停當

明德親民

○何以明德親民合而言之也吾身出入相對不可須臾離也即中庸所謂道也者不可須臾離也可離非道也如以家庭論對父母則父母爲親而孝之道不可離矣對妻妾則妻妾爲親而別之道不可離矣對昆弟則昆弟爲親而長之道不可離矣對婢僕則婢僕爲親而慈之道不可離矣如出仕臨民則國與天下滿目皆其民而信之道不可離矣是親民者正所以明德也所以明德親民不可分也所以引詩緜

說明德就說親民若無父無君無妻無子無昆弟朋友何以謂之德無老者何以安之無少者何以懷之即釋氏深山打坐之人矣

○孔子十五而志大學見得大人之學以天下爲一家中國爲一人所以急急遑遑轍環列國欲行道以濟時艱以不負上天生聰明之意知得此道理真所以絕糧伐木略不爲意觀其言曰鳥獸不可以同羣吾非斯人之徒與而誰與子路曰長幼之節不可廢也君臣之義如之何其廢之皆明德親民意也湯誓

曰予畏上帝不敢不正仲虺曰惟天生民有欲無主乃亂惟天生聰明時乂有夏昏德民墜塗炭天乃錫王勇智表正萬邦纘禹舊服兹率厥典奉若天命泰誓曰惟天地萬物父母惟人萬物之靈亶聰明作元后元后作民父母又曰天祐下民作之君作之師云云又曰惟天惠民惟辟奉天伊尹曰天之生斯民也先知覺後知先覺覺後覺非予覺之而誰皆是不敢負上天生聰明之心所以急急遑遑行道以濟時艱孔子惟其知此所以說順乎天而應乎人湯武以之

蘇子惟其見不到此所以說武王非聖人也箕子不臣僕於武王而以洪範傳於武王者亦此意蓋恐此道自我而絕也不然箕子乃忘君事仇之人矣孔子安得謂之仁

○大抵自孔孟以後至於今日明德親民止至善八個字通認不眞宋儒認明德爲虛靈不昧又不知明德親民不可分以敬字作工夫敬字作功夫是矣天下無不敬之聖人但終日端坐如泥塑人不是敬的功夫了天下豈有終日端坐之聖人哉終日端坐者

西方之聖人也孔子當時說發憤忘食樂以忘憂不知老之將至皆是實歷苦語自來聖人通是兢兢業業憂勤惕勵非行道以濟時必明道以淑人無冥心閉目打坐之聖人又說讀書玩物喪志殊不知天下豈有不讀書之聖人如不讀書孔子說博我以文好古敏以求之信而好古博學又審問慎思又明辨之又說博學篤志切問近思仁在其中皆是誑人之言又說汝以爲多學而識之者與必定多學聖人方對門人如此說若不多學無此言矣古來聖人如伏羲

神農黃帝之書謂之三墳少昊高辛顓頊唐虞之書
謂之五典八卦之說謂之八索九州之志謂之九邱
適足孔子刪了孔子當時不能行道欲明道以淑人
刪詩書定禮樂脩春秋千辛萬苦孔子何曾喪其志
哉天下無有讀書底心病者但讀書要識痛癢歸在
我一路來博學詳說將以反說約的如此讀書不枉
讀書矣如張平子左太冲就不識痛癢了說個玩物
喪志終是認得學聖功夫不端的雖學聖功夫不專
於聞見口耳然讀書一項豈可廢朱子說用力之久

而一旦豁然貫通極說得是學聖人者都是如此但不當以格物爲窮極事物之理又在枝葉上去了〇古來聖賢見得萬物一體明德親民端的所以到了行不得處就自任不辭如曰文不在兹乎非予覺之而誰予不得已也皆是將這一場事擔負在身上論其形迹就似俗人求名求富貴一般急急遑遑如湯武之行權孔子之周流四方席不暇煖與求名求富貴無異而不知大人之學當如是也但進以禮退以義進退不失禮義之中正得與不得即歸之命所

謂行一不義殺一不辜而得天下不爲是也則與俗人之求富貴披髮以見有司不顧禮義而爲之天淵懸絕矣某少時焚引一時相厚之友皆以南山捷徑戲之余作客問一篇書來者即以此答尾云江湖廊廟原爲一體明道行道皆以淑人亦此意也有志於聖學者不能行道必要明道不然終歸於私不是大人之學如南山捷徑乃希圖富貴已不在吾儒中算矣與明德親民差一萬里明德親民是眞知斯道之當然急急遑遑而欲以道淑人也非圖富貴也此君

子小人義利毫釐之差又不可不辨然近日披髮以見有司者又笑不得南山捷徑此又不可不辨

至善

○至者極也如冬至夏至之至冬至前雖有小寒大寒然六陰之極天地之氣從此而呼於外所以爲冬之極夏至前雖有小暑大暑然六陽之極天地之氣從此而吸於內所以爲夏之極善者良也易言繼之者善孟子道性善皆維皇降衷之良而無一毫人欲之私傳所謂仁敬孝慈信是也

止至善

○止者已也息也居也靜也書之安汝止欽厥止是也孔子止字出於此止字內藏得有定靜安三字意

○止至善者止於仁敬孝慈信之類也至善者無過不及恰在止處也即中庸所謂中節也節者竹節也節止於此不去也以爲人君止於仁言之舜之作五刑亦仁也誅四凶亦仁也何也皆發乎天理而無一毫私意與乎其間也若梁武帝宗廟以麪爲犧牲似仁非仁矣何也溺于輪廻之説是自私矣餘可類推

知止而后有定一節

〇知者覺也識也喻也卽下文知字心無二知分生知學知困知者以人之資禀不同也此知字卽應下文此謂知之至也定者正也言此心有定向也靜者寂也息也定也安者心無愧也寧也止也靜也其實此心既定已靜已妥矣但自心之既定寂然不動言則曰定自心之既定妥貼無愧言則曰安非此心既定又別有所謂靜與安也慮者詳審其過不及以求其至善也卽太甲之弗慮胡獲說命之慮善以動也

益獲字卽得字言不慮何以得故慮而后能得也至善而曰慮而后能得者言必慮善以動動惟厥時也

○知止者知其止於仁敬孝慈信五倫之理止於此也知其理止於此則喜怒哀樂未發之時而定而靜而安者此仁敬孝慈信也此五倫之理也無忿懥也無恐懼也無好樂憂患也則此心未發之時一團天理廓然大公是卽謂之中矣旣安於五倫之理則喜怒哀樂巳發之時所以思慮酬酢者此仁敬孝慈信也此五倫之理也不辟於親愛也不辟於賤惡也不

辟於畏敬哀矜敖惰也則此心既發之后一團天理物來順應是卽謂之和矣如此豈不得所止乎

○定靜安三個字是模寫此心無忿懥恐懼好樂憂患之氣象定字是天下定於一之定不遷移也靜是不擾安是妥帖自然

○從來此一節詁訓者都說得無下手處都是懸空捕風捉影所以然者何也明德二字認不眞故也所以體貼到身上說不得殊不知聖人之言豈有說得行不得之言哉

本末始終

○本末始終者此正知止下手功夫也所謂擇之精也下文本末厚薄此其類也且如以事親言之論父母於道及養志者本也養口體者末也身體髮膚受之父母不敢毀傷者孝之始也立身行道揚名於後世者孝之終也凡事事物物皆有本末始終先後卽孔子所謂先於正名也如醫家所謂君臣佐使也如失其輕重先後之序雖是君子路上人終不能至其至善之域矣

〇道字應德字知所先後知字內藏得有博學審問慎思明辨功夫

脩身正心誠意致知格物 總論

凡人有此形體即有此形氣之私口之於味也目之於色也耳之於聲也鼻之於臭也四肢之於安佚也性也有此形氣之性故好勇好貨好色不辨禮義而受萬鍾欲宮室之美妻妾之奉所識窮乏之得我凡此皆所謂物也有此物欲橫於心是以千思萬想千計萬較時起時滅朝朝暮暮在此胷中未嘗停息倘此橫

於中之物欲或得或喪發之七情即有所忿懥有所恐懼有所好樂有所憂患是以見之於事即偏於一邊不之所親愛而辟必之所賤惡而辟不之所長敬而辟必之所哀矜敖惰而辟心既有所忿懥恐懼好樂憂患之偏而所行之事又隨其心之所偏而辟則天賦於我之五性皆已牿亡喪失矣是非之良心既以喪失是以安其危而利其災此身之所以不脩也如商紂惟好宮室臺榭陂池作奇技淫巧以悅婦人唐明皇開元初年罷大明宮於農務之時焚珠玉錦

繡於殿前幾至太平矣及寵太眞是皆有所好樂也有所親愛也身安得脩乎所以紂失天下元宗竄身西蜀正所謂辟則爲天下僇也所以聖門教人先於格物此有頭腦至捷功夫也自孔子沒至於今日無人知此功夫此德以道喪千載可哀者此也

訓字

脩者理也整也對荒亂頹敗而言也正者當也定也平也對偏邪而言也誠者敬也信也對欺誑而言也致者至也詣也對躑躅不進而言也格者殺也除也

去也對傻柔遲鈍而言也此此一字下得猛

○說我要整理此身便要心上不偏邪心上不偏邪在於發念意向上不欺誑要我意向上不欺誑在至誠我是非心上去看等將善惡曉然明白要心上曉然明白只在格了心上物欲就明白了

○正心之心已發之心

○是非之心人皆有之此所謂知也惟物欲蔽了就不明白要錢官卽問斷不公見之矣

○身也心也意也物也屬形氣一邊用得功夫所以

下個脩字正字誠字格字都下得重格字尤下得猛但凡遏人欲字都下得重如克己復禮之克養心寡欲之寡是也到了知字即仁義禮智信之智也乃是非之心也乃天理也雖不離形氣然無半毫形氣之私無聲無臭下不得功夫所以下一個致字此一字下得輕致者送也詣也至也只似說送與是非之心看所以物格而后知至至與致二字不同若說物格而后知致即不通矣

訓意

○脩身者止於仁敬孝慈信而爲善也不之所親愛賤惡畏敬哀矜敖惰而辟爲惡也辟則安能齊家乎故欲齊家者先脩其身然心者身之主也使此心不覺照心不在而失其本心惟知眷戀於物欲有所忿懥恐懼好樂憂患雖視之亦不見聽之亦不聞食之亦不知其味矣安能脩身乎故在於正心必定要此心不偏邪一團天理惟仁也惟敬也惟孝慈信也則身可得而脩矣然意者心之所發也使意之方發差之一毫則所行之事謬以千里矣安能正心乎故必

要發念之時仁敬孝慈信之善如好好色也忿懥恐懼好樂憂患之惡如惡惡臭也斯心可得而正矣然使此心不知其孰眞孰妄未免認人欲爲天理又安能誠意乎故必致吾是非之心以鑒之曉然明白知其何者爲仁敬孝慈信之善所當好也知其何者爲忿懥恐懼好樂憂患之惡所當惡也斯意可得而誠矣然欲此心曉然明白豈有他術哉豈必他求哉亦惟格去此物而已蓋吾心之中有所忿懥恐懼好樂憂患者皆蔽我良知之物也今將此物猛然格除一

切掃去則此心未發之時廓然大公無意無必致天下之中矣既發之後物來順應無固無我致天下之和矣此孔門接堯舜精一之傳至捷至近之心法也聖人復起不易吾言矣

二節訓意

○脩身者爲善而去惡也正心者已發之心惟在于善而不偏於惡也誠意者方發之心實好其善實惡其惡也致知者知其孰爲善孰爲惡也格物者格其孰爲惡之惡也既格其惡則此心無蔽障明白之至

矣明白之至則一念之發決不欺矣既不欺則心廓然大公而正矣既正則物來順應而身脩矣

物格而后一條

◎心譬如鏡也本光明也物者鏡上之塵垢也格者去其塵垢也知至者去其塵垢而光明之至也意者人心發動取鏡照物也誠意者將鏡來照妍者如好好色也媸者如惡惡臭也正心者心惟其妍不偏於媸也脩身者知其妍而爲善知其媸而去惡也

○心者譬如目也本光明也物者目上之翳也格物

者以藥點之去其翳也知至者復其光明之本體也意者目去看物之好醜也誠意者好者如好色也醜者如惡惡也下同前

○格了物知即至矣及下坡板丸之勢所以說致知上用不得功夫今之儒者講致良知只是聽人說不會自家體認

○格物者格去其物欲也知至者知物欲知之極其至也誠意者誠其意而不自欺于物欲也正心者正此心而不邪于物欲也脩身者脩整其身而此身全

大學古本　　三六

無物欲也蓋格物物之時此心尚有善有惡旣格去物欲則有善無惡矣是以知之至意之誠心之正而身脩矣此下坡之勢

誠意

學者臨關功夫最難所以聖人又說誠意此一種功夫出來異於禪學者正在此一念差了終身事通差了故于正心中拈出誠意

○此一種功夫卽是中庸戒慎恐懼也莫見乎隱二句卽十目所視二句也旣說個戒慎恐懼心已動矣

註中解所以全天理之本然解錯了他只因下文有喜怒哀樂未發謂之中卽有此解也殊不知學者靜坐之時不過絕了妄想閉目打坐而已安能存天理之本然大抵自漢唐宋以來儒者過不曉得遏人欲卽所以存天理天理本然上半釐功夫做不得何也仁義禮知我固有之也非由外鑠也惟遏人欲則惻隱羞惡辭讓是非之心自然呈露而所行之事皆仁義禮知之事矣天理本然上不惟做不得功夫亦不消做功夫

○如把戒懼二句作靜而存養只把禪家就看出來了禪家終日無天無地無人無我打坐何曾存得天理之本然殊不知未發上做得功夫聖人已先說矣所以不說欲正其心者先於未發說欲正其心者先誠其意此正聖學禪學之所由分也在心上單提一個誠意出來異禪學者正在此惟不知此功夫伊川將艮其背不獲其身行其庭不見其人就解錯了若程明道說與其非外而是內不若內外之兩忘也就說得是了陸象山以存養爲主人考索爲奴僕就偏

丁做男兒大丈夫爲天地立心爲生民立命爲萬世開太平以先知覺后知以先覺覺後覺把道理明明白白說與世人使斯道大明方是豪傑若終日閉目打坐門徒來專心問他他說半句留半句使人莫測端倪斯則達磨之教也朱子雖然著述上略有些差錯但他爲人平易肯諄諄教人允矣兩端必竭四教雅言之規模也今將三條功夫開于后

聖學

聖學在心之意念上用功夫所謂愼獨也格物則其

下手之頭腦功夫矣

禪學

禪學在心之未發上用功夫只是硬鎖了心不開城門無天無地無人無我不肯將外物擾動讀書窮理謂之理障

詞章之學

詞章之學專於工辭如左思張衡是也心之眞妄與未發已發俱不論矣

近日學者知詞章之學非聖學是矣但又認禪

學爲聖學則與詞章之學一而已矣均爲不知
聖學也

致知

○知者五性中之智也王陽明以爲良知是也朱子解知猶識也解錯了又解致推極也推極吾心之知識欲其所知無不盡也若如此說一句書不讀之人知孝其親婦人爲夫死節何曾推極其知識哉致知二字通解錯了王陽明認知爲良知是矣但又教人悟良知良知上做功夫又錯了殊不知良知乃天理

做不得功夫又不曾見孔子好知不好學其蔽也蕩此一句了其徒就說本來靈覺生機丹府一粒點鐵成金此乃生生之謂性孟子已闢了何消又拈起以爲活寶說大抵學朱子之學不成不失爲博古通今之士學致良知不成卽刻成惡可矣

○王陽明傳習錄又以聞見之知孔子以爲知之次則是聞見之知已落第二義矣惟當致良知殊不知知之次也一章朱子解錯了知之次者言必待聞見而后知次於生知者也孔子說不知其理而妄作者

我決無是也我之知雖非生知然多聞則擇其善者而從之多見則擇其善者而記之聞見之知雖與生知者同亦知之之眞然必待於聞見亦生知之次矣若無知而妄作我豈有是哉如此解方應得首句

〇朱子解雖未能實知其理亦可以次於知之者也若說雖未實知其理依然是無知妄作了朱子何等聰明人不知當時如何如此解只恐舊註是如此

〇天下之知無二也或生而知之或學而知之或困而知之及其知之一也知此說得個遲速說不得個

詳略譬如蜀川到燕京千里馬止六七日即到次于千里者一月方到如款段蹇駑兩三月方到及到了燕京千里馬也是到次于千里者也是到款段蹇駑也是到止說得遲速說不得詳略陽明講良知引此章爲證差矣大抵陽明先生聰明之至也肯與人講論不似象山諸公說半句留半句但儘他聰明說通說快了不沈潛反復如陽明說問思辨行皆所以爲學未有學而不行者也如言學孝則必服勞奉養躬行孝道而後謂之學豈徒懸空口耳講說而遂謂之

孝乎天下之學無有不行而可以言學者則學之始固已即是行矣篤者敦實篤厚之意已行矣而敦篤其行不息其功之謂爾恭學之不能無疑則有問問即學也即行也不能無疑則有思思即學也即行也不能無疑則有辨辨即學也即行也辨既明矣思既慎矣問既審矣學既能矣又從而不息其功焉斯之謂篤行非謂學問思辨之后而始措之行也此區區心理合一之體知行並進之功所以異於後世之說者正在於是已前是傳習録若依此說心與理合一知與行

並進說孝則說得通矣說忠則說不通矣所以陽明不說忠如讀孟子有官守者盡其職有言責者盡其忠此學也然天下無有不行而可以言學者必有官守言責方可言學則布衣之講學者此條不必講矣又以審問言之如顔淵問爲邦孔子曰行夏之時乘殷之輅服周之冕樂韶舞放鄭聲遠佞人顔子必行夏時乘輅服冕放聲遠佞而后謂之學乎不然此空談也陽明自以爲心理合一知行並進而不自覺其言之不通矣此皆聰明之極說快之過也

○格物者正所以致良知也就譬如說磨鏡之塵垢者正所以求鏡之明也所以不說欲致其知者先格其物說致知在格物以格了物即知之至所以說不得個先后字

○朱子解格物致知錯了所以解盡其心者一章亦錯了盡者終也竭也對有剩餘而言也若心上略有纖惡之未除即有餘欠矣盡其心者復其天命之本體也天生此心之時原無物欲也命者死生有命之命也孟子此章教人脩身以立命言我身心性命通

是天賦與我的我能盡其心就知得性知得天了存此心不失以養其性就是事天了不管我命長命短只去脩身則命自我立而知天事天不足言矣朱子解大學知彼解到了此處就說知性則物格之謂盡心則知至之謂

○德爲海內人講致良知山林中將致字磨礱二十年蓋因解致字爲喪致乎哀之致以致字可用功夫也及後貫通之時方知致字用不得功夫功夫全在格物上何以用不得功夫蓋人稟五行以生有形有

神智屬水乃水之神也神何以做得功夫只將物欲格了五性自呈露矣

〇以五性呈露模樣言之五性譬如明月物欲譬如人家板壁板壁有一線未遮隔即有一線明月進來將板壁逼取了明月即通進來了所以格物是孔門至妙至捷之功夫只格物則惻隱四端之發見自火然而泉達矣

物

物者即勇貨色之類也即宮室之美妻妾之奉所識

大學古本　　　　卷五

窮之得我是也卽下文有所忿懥等是也對我而言者也乃物我也物交物之物也皆有形也何以不言人欲而言物也如色貨是物我去好他方是欲故不言欲而言物也以下文言卽閒居之不善也卽桀紂之暴也卽貪戾也聚斂也畜牛羊也察雞豚也好此物則所藏乎身不恕娼嫉以惡之違之而俾不通矣

格

格字王陽明以爲格其君心之格極說得是但指物字作事字又錯了將此功夫說緩了又渺眞了格字

卽下文切磋琢磨也瑟僩赫喧也克明也顧諟也日新又新也物欲未易磨勘身心未易整齊故引衛武公之詩明之未易戰勝故引書克字明之未易洗刷故引盤銘明之未易覺照故引顧諟明之

先儒之言皆有所因陽明只想欲誠其意者先致其知二句不想格物而后知至所以教人致良知其實良知二字乃孟子之言非悖經之言也但門人大學之傳無良知之說則與當時之傳不相合雖不悖經而悖乎大學之本傳矣朱子只因經文此謂知之至

也心想惟窮理方能知之至就以格物爲窮極事物之理其實窮理二字乃孔子之言非悖經之言也但傳無窮理之說則與傳亦不相合矣所以二公之言皆不合傳惟曰格去物欲則字字句句皆相合矣

格物

物字陽明指爲事字就說得纏繞了就說知者意之體物者意之用使後學不明不白指爲物欲之物就直切了如孝乃明德也孝多衰於妻子好色而聽妻子之言好貨有私財好勇鬬狠不能愉色婉容是事

親有所好樂也則孝蔽於此物矣今格去此物則此
心一團天理就能冬溫夏清昏定晨省所行者皆孝
之事而止於其孝矣忠乃明德也如好色欲妻妾之
奉好貨察雞豚畜牛羊好勇貪戾僨事而有桀紂之
暴是事君有所好樂也則忠蔽於此物矣今格去此
物則此心一團天理就能有官守者盡其職有言責
者盡其忠民之所好好之民之所惡惡之斷斷無技
休休有容以能保我子孫黎民所行者皆忠之事而
止於其敬矣此是下死心學聖人方曉得此功夫不

然只是口談
○以吾一身論之手容恭此脩身之一事也今見富
貴下我一等之人或扯袖高擡其手是敖矣或垂韓
踈懶不爲其禮是惰矣有此敖惰而下交之瀆者何
也蓋因恃我富貴眼裏空人故好自高有所好樂之
心發之也此物横於胷中是以手容不恭惟知敖惰
矣或見富貴上我一等之人卽另恭恍憿卑下爲諂
諛之狀是之所畏敬矣有此畏敬而上交之諂者何
也蓋見人富貴喧赫有所恐懼見其金帛宮室有所

羨慕好樂此二心發之也此物橫於胷中故手容不恭惟之所畏敬矣今將恃富貴畏富貴自卑自高此心之物一格了則此心廓然大公自知我之富貴何以恃得人人之富貴何以慕得他惟知我手容當恭自意誠心正而身脩矣

○孔子曰君子以虛受人蓋心中無物則虛所以物格即知至見善如決江河矣所以能受人

○宋儒說格物說前了何也講學以耨之一句是也蓋講學乃薅草功夫也好學近乎知一句是也蓋好

學乃開我愚蒙功夫故今日格一物明日格一物博學而詳說者正以反說於約以求格吾身心之私欲也是宋儒之說說去前一步矣近日儒者說致良知又說後了何也格物者正所以致良知也盖孩提之童知愛親敬長者以無物欲也及長成人物欲蔽之是以喪失其舊日孩提之良知矣今格去其物欲者正所以復還孩提之良知也故曰大人者不失其赤子之心也所以說近日儒者又說後了一步就譬如六月大水駕巫峽黑石船相似捉舵走不得半毫學

理功夫精密在此處可見
○鄒東郭云孩提之童知愛其親而强且壯者顧有
不愛焉豈强且壯者反愚於孩提乎嘑蹴之食乞人
不屑而不義之萬鍾公卿或受焉豈公卿反不肖於
乞人乎此數句說得快人心若某生同其時足數句
於後卽千古之名言矣强且壯者反愚於孩提何也
以好貨財私妻子好勇鬬狠此物欲蔽之也是以卽
不顧父母之養若格去此物卽還孩提愛敬之舊知
矣公卿反不肖於乞人者以欲宮室之美妻妾之奉

所識竊之得我此物欲徹之也是以失其本心不辨禮義而受萬鍾之禄若格去此物即還着羞惡不屑之舊心矣豈非千古之名言乎但觀世人兄弟小時同牀共枕哥哥前弟弟後何等相愛及成人有室家析居爲財產告狀即爲仇敵就可知矣

○宋儒把個敬字作功夫近日儒者把個良知作功夫就宵宵冥冥茫茫蕩蕩無下手處只依孔子格物作功夫就有下手處事事物物通有把捉

○聖人之言無二也顔子乃孔子得意門人孔子告

之曰克已復禮爲仁孟子得孔子之眞傳者乃曰養
心莫善於寡欲 蓋物格而后知至克已復禮爲仁養
心莫善於寡欲 此三句話乃一句話也何也物也已
也欲也皆有我之私也格也克也寡也皆除去有我
之私也以此作證驗則諸儒之紛紛講格物者不待
辨而自明矣昔者孔子曰文王旣沒文不在茲乎茲
孔門格物之說千載未明今斯文晦而復明某亦不
能自辭矣

○宋儒只爲認此二字不眞饒周茂叔教人每令尋

孔顏樂處所樂何事亦不說所樂何事朱子亦說程子引而不發亦不敢妄爲之說非不說也只恐真不知所樂何事也看來自漢唐宋至於今日之儒通不知所樂何事知之者惟周茂叔一人而已蓋人無欲即樂孔子說君子坦蕩蕩無欲也孟子說反身而誠樂莫大焉無欲也仰不愧於天俯不怍於人無欲也以至心廣體胖無入而不自得人知不知亦囂囂皆無欲之樂也又樂多賢友即有朋自遠方來得天下英才而教育之樂也皆非涉於形氣之私之樂也若

世人以歌兒舞女爲樂是卽驕樂宴樂佚遊矣學者只將聖門樂字打通了則聖人用功卽可知矣不然一節不通節節不通千言萬語終是葛藤

○學者如不知此種功夫終日在言語威儀上做功夫甚心苦力也一般成高賢但欲爲時中之聖卽不能矣如去獵較見南子應佛肸召道隆則從而隆道污則從而污此等事決幹不得何也必磨磷涅緇也如知格物功夫則江漢濯之秋陽暴之皜皜乎不可尚也譬如行船相似捉不住此種功夫就譬如捉不

任船舟也堅固舟上人也爽力也認得水經只是捉
不住舵就怕漩渦下不得灘如捉得住舵船大也好
船小也好江水也好漢水也好大灘大浪也好如捉
得住格物功夫就堅之至矣雖磨不磷白之至矣雖
涅不緇事親也好事君也好處朋友也好處昆弟也
好富貴也好貧賤也好夷狄也好患難也好都無入
而不自得不作小家人見識濶刀大斧徑入周孔之
堂室矣

此之謂自謙

○謙字當作誡字字書左右相同其義亦順誡與戒同警也即中庸戒慎之戒也言必要如好好色如惡惡臭此之謂自警非由他人也若不自警即自欺矣小人閒居爲不善只是不自警十目所視十手所指則警之至矣目此字乃聖門已用之字易小懲而大誡是也又王用三驅失前禽邑人不誡是也解作自慊說不通畫亦差之太遠

重刻來瞿

大學古本終

大學古本